DIANLI YINGXIAO FUWU FENGXIAN FANGFAN SHOUCE

电力营销服务风险防范手册

国网杭州供电公司　组编

中国电力出版社
CHINA ELECTRIC POWER PRESS

内 容 提 要

本书全面归纳分析了营销服务各类典型违章点 88 个，从供电服务、电价电费、营业业扩、计量采集、营销安全和用电检查六个方面，对违章现象进行详细描述和分析，预判违章可能导致的后果与影响，确定违章的等级，并给出依据条款和业务规范，明确了预控措施。

本书可供从事供电企业营销服务的相关人员学习使用。

图书在版编目（CIP）数据

电力营销服务风险防范手册 / 国网杭州供电公司组编. —北京：中国电力出版社，2023.9

ISBN 978-7-5198-7838-2

Ⅰ.①电… Ⅱ.①国… Ⅲ.①电力工业—市场营销学—风险管理—中国—手册 Ⅳ.① F426.61-62

中国国家版本馆 CIP 数据核字（2023）第 084586 号

出版发行：中国电力出版社
地　　址：北京市东城区北京站西街 19 号（邮政编码 100005）
网　　址：http://www.cepp.sgcc.com.cn
责任编辑：王蔓莉　（010-63412791）
责任校对：黄　蓓　于　维
装帧设计：赵丽媛
责任印制：石　雷

印　　刷：北京九天鸿程印刷有限责任公司
版　　次：2023 年 9 月第一版
印　　次：2023 年 9 月北京第一次印刷
开　　本：880 毫米 ×1230 毫米　32 开本
印　　张：7.75
字　　数：165 千字
印　　数：0001—2000 册
定　　价：48.00 元

编　委　会

　　"十四五"以来，随着我国经济的稳步发展，社会经济结构逐渐发生改变，供电企业电力营销的宏观环境发生巨大变化。同时，国务院提出的打造市场化、法制化、国际化一流营商环境，对供电企业提质增效、合规经营提出了更高要求，政府对供电企业的监管也日益严格，电力客户的法律意识不断提升，电力营销服务的风险日益凸显。电力市场化改革不断深入，初步形成了主体多元、竞争有序的电力交易市场，供电企业的电力营销风险进一步加大。营销服务作为供电企业对外服务窗口和联系客户纽带，是落实国家政策、服务企业民生的前沿阵地，必须遵循"人民电业为人民"的企业宗旨，构建全业务、全流程、全环节、全闭环的防控体系机制，以数字化手段持续服务好全社会用电需求，站好前端"哨兵"岗、把好后台"门禁"关，努力提升供电服务水平和质量。

　　国网杭州供电公司在浙江省电力有限公司印发的《营销现场作业安全风险防范工作手册》《高危重要用户安全风险防范工作手册》和《营销服务风险防范工作手册》等规范的基础上，结合新形势新要求，对营销现场作业、营销系统操作、营销服务规范等各方面的风险点进行全面梳理，编制了《电力营销服务风险防范手册》。

本书以近年来营销服务过程中发生的服务风险、业务差错为切入点，围绕供电服务、电价电费、营业业扩、计量采集、营销安全、用电检查六大业务场景，结合有关制度规范和实际业务开展情况，对相关典型案例进行深入评析，坚持防微杜渐、追本溯源、综合治理的原则，全面辨识风险源，通过对典型违章风险实施分级管控治理、采取预控措施，有效地防控营销服务典型违章风险。本书紧密结合工作实际，图文并茂、生动活泼，可为营销服务人员规范开展客户服务、防范营销业务风险提供参考指导。

谨向所有关心、支持和参与本书编撰的领导、专家、工作人员表示衷心的感谢！编写过程中，虽力求全面准确，但由于各位作者经验和时间有限，本书难免存在疏漏和错误，希望广大读者批评指正。

编者

2023 年 4 月

目录 CONTENT

前言

1 供电服务

4

计量
采集

5

**营销
安全**

6

**用电
检查**

1 供电服务

1.1 营业窗口

1.1.1 供电营业场所运营管理不到位（一般违章）

● **违章描述**

（1）营业场所标志标识不规范。未规范配置 95598 双面灯箱、12398 能源监管铭牌、营业厅时间牌、营业厅铭牌、门楣等标识，如图 1-1 和图 1-2 所示。

图 1-1 营业厅门口未配置 95598 双面灯箱

（2）岗位秩序规范执行不到位。未按时正常开门营业，未按规定提供服务项目；结束营业时，拒绝为在厅客户继续办理业务。例如关门时间拒绝为正在等候客户办理，如图 1-3 所示。

图 1-2 未规范配置营业厅时间牌、营业厅铭牌

（3）营业场所信息公示不准确。未及时准确公示服务承诺、服务项目、业务办理流程、投诉监督电话、电价和收费标准等内容及宣传折页，上墙资料及宣传册未及时更新，如图 1-4 所示。未定期查阅意见箱和意见簿，未在规定时限处理和答复客户意见建议，如图 1-5 所示。

图 1-3　厅外有客户时提前结束营业

图 1-4　上墙资料及宣传册未　　图 1-5　客户意见建议未及时处理
　　　　及时更新

（4）营业场所设施运维不及时。未及时公告及处理营业场所设施设备故障，引发客户抱怨和不满。例如自助设备发生故障未及时提示，如图 1-6 所示。

图 1-6　自助设备故障未及时提示

▶ **依据条款**

（1）《国网营销部关于印发供电营业厅运营管理规范（试行）的通知》第二十七条、第二十八条、第二十九条、第三十一条、第三十六条、第三十八条。

（2）《国家电网有限公司员工服务"十个不准"》第八条。

（3）《供电服务标准》第 5.1.6.2 条、第 5.1.8 条。

（4）《国家电网有限公司供电服务"十项承诺"》第四条。

（5）《供电企业信息公开实施办法》第七条。

● **业务规范**

（1）营业厅应配置 95598 双面灯箱、12398 能源监管铭牌、营业厅时间牌、营业厅铭牌、带有国家电网公司 Logo 的绿底门楣、厅门防撞条。

（2）营业人员应严格遵守上下班时间，正常处理各项业务；关门时间仍有业务正在办理，不得随意终止业务。在岗期间不得做与工作无关事项，浏览无关网页、玩手机等（App 业务受理除外）；如遇营业窗口整改、装修，须做好必要的服务引导提示信息。如有其他人员因工作原因需进入柜台，应及时提前报备。

（3）营业厅应准确公示服务承诺、服务项目、业务办理流程、投诉监督电话、电价、收费项目及标准、停限电有关信息、用户受电工程市场公平开放相关信息、可开放容量有关信息等内容，宣传内容应明确有效期限并及时撤换到期内容，电子宣传内容应保持顺畅展示；纸质宣传内容应定置摆放、每日整理，及时补充。每日检查意见箱和营业厅客户意见簿，并于 5 个工作日内联系并答复客户。

（4）定期检查营业厅设施、设备的运营情况，自助设备有名称标识，有操作流程指引和必要的信息提示；能监办查询电脑能正常使用；如出现设备故障须摆设"设备维修中"标志牌，并在 10 天内修复。

● **管控措施**

（1）营业厅主管应加强营业场所巡查工作，巡视营业环境，维持营业秩序；定期检查营业厅自助设备的管理情况，对设备、设施异常及时告知和维护；对于因故障无法办理的业务，做好客户情绪安抚和客户诉求收集，后续做好客户问题闭环处理；做好营业厅台账记录及交接。

（2）加大音视频监控力度，采用提醒、警告、督办等方式要求责任单位落实自查整改，并对闭环处理情况进行复查与督导；定期抽查营业厅台账的准确性及完整性。

（3）常态化开展明查暗访，督促责任单位落实自查整改，并对闭环处理情况进行复查与督导。

1.1.2 工作人员服务行为及礼仪违规（一般违章）

● **违章描述**

（1）仪容仪表不符合规范要求。工作着装、配饰、妆容不得体，如图 1-7 和图 1-8 所示。

图 1-7 营业人员披发上岗　　　　图 1-8 营业人员未穿工作服

（2）服务礼仪与行为不符合规范。营业人员未使用文明用语、未唱收唱付、未遵守先外后内服务要求、无故中断服务等；保安、保洁等营业厅人员上班期间串岗聊天、玩手机或做与工作无关事项，如图 1-9 和图 1-10 所示。

图 1-9 营业人员在营业期间聊天　　图 1-10 保安在营业时间玩手机

（3）服务调度人员电话服务礼仪不规范，拨打时间不恰当、先于客户挂断电话等，系统截图如图 1-11 所示。

图 1-11　服务调度电话礼仪不规范的系统截图

▶ **依据条款**

（1）《供电服务标准》第 6.7.5.2 条、第 7.3.1 条、第 7.3.2 条。

（2）《国网营销部关于印发供电营业厅运营管理规范（试行）的通知》第十五条。

（3）《浙江省电力公司通用标准化礼仪服务规范》第 4.1 条。

（4）《国家电网有限公司员工服务"十个不准"》第八条。

（5）《杭州供电公司服务调度业务服务用语管理规范》第十条。

● 业务规范

（1）营业人员上岗应按规定着装，并佩戴工号牌。

（2）与客户会话时，使用规范化文明用语，做到有问必答，遵守先外后内原则，不得无故中止服务。营业厅内营业受理员、保安、保洁员等均不做与工作无关的事情。

（3）服务调度、营业厅公开电话等应保持畅通，电话铃响 3 声内接听，超过 3 声应道歉；主动拨打电话应选择恰当的时间点，不宜在 11：00~13：30 以及 22：00~8：30 拨打客户电话；应答时要首先问候，然后报出单位名称，重要内容要注意重复、确认，通话结束须等客户先挂断电话后再挂电话。

● 管控措施

（1）加强营业人员仪容仪表规范及职业道德教育，端正服务态度，提高服务意识，强化对营业窗口服务的督导。

（2）加大音视频监控力度，采用提醒、警告、督办等方式要求责任单位落实自查整改，并对闭环处理情况进行复查与督导。

（3）常态化开展明查暗访，督促责任单位落实自查整改，并对闭环处理情况进行复查与督导。

1.1.3 客户服务不规范（一级严重违章）

● 违章描述

（1）首问负责制执行不到位。客户要求办理或咨询业务非本岗位职责范畴时，工作人员推诿、搪塞客户，如图 1-12 所示。

图 1-12　首问负责制执行不到位

（2）违反客户信息保密相关规定。办理业务前未细致核查客户身份信息，或对外泄露客户电费电量、证件信息、商业机密等。

（3）利用客户信息谋取不当利益。利用职务之便，贩卖客户信息或侵占客户积分、红包等谋取不当利益。

> **▶ 依据条款**
>
> （1）《供电服务标准》第 5.1.8.4 条、第 7.1.3 条。
>
> （2）《国网营销部关于印发供电营业厅运营管理规范（试行）的通知》第十八条、第十九条。
>
> （3）《浙江省电力公司通用标准化礼仪服务规范》第4.1 条、第 4.2 条。
>
> （4）《国家电网有限公司员工服务"十个不准"》第五条、第六条。

● **业务规范**

（1）执行首问负责制。不论需受理业务是否为本岗位职责范畴内，营业人员都应该认真倾听、热心引导和快速衔接，并为客户主动提供准确的联系人、联系电话和地址。

（2）遵守信息保密规定，尊重客户的保密要求。不擅自变更客户用电信息，不对外泄露客户个人信息及商业秘密。

（3）加强营销信息安全及个人账号管理，严格执行批量信息导出分级审批制度。

● **管控措施**

（1）严格落实用电业务办理各项基本工作要求，强化对营业窗口服务的督导。

（2）常态化开展明查暗访，发现的问题应督促责任单位落实自查整改，并对闭环处理情况进行复查。

（3）每年定期开展客户信息管理规范性的专项稽查。

1.1.4　优化办电政策执行不到位（一般违章）

● **违章描述**

"刷脸办电""一证通办（一证受理）"等优化营商环境举措以及"一次告知""最多跑一次"等其他重点服务举措执行不到位，如图 1-13 所示。

▶ **依据条款**

（1）《浙江省电力公司通用标准化礼仪服务规范》第
　　4.1 条、第 4.2 条。

（2）《国家电网有限公司员工服务"十个不准"》第
　　三条。

图 1-13 用电业务告知书客户未签字

● **业务规范**

严格落实各类重点服务举措。营业人员不准无故拒绝或拖延客户用电申请，增加办理条件和环节，应做好优化营商环境及其他服务举措的告知、执行和宣传解读工作，提升客户办电体验。

● 管控措施

（1）定期进行电话拨测，了解工作人员业务知识掌握情况，对业务掌握欠缺的，责成属地单位强化培训。

（2）常态化开展明查暗访，发现的问题应督促责任单位落实自查整改，并对闭环处理情况进行复查与督导。

1.1.5　业务受理不规范（一般违章）

● 违章描述

（1）营业人员发生业务差错。未熟练掌握政策规范，无法为客户正确地办理各类业务，发生收错电费或业务费、拒收现金、未及时正确解款或解款银行错误等问题，如申请单中勾选了合表电价，但系统中显示为一户多人口阶梯优惠电价，如图 1-14 所示。

（2）强制要求用户进行线上渠道办交电费。

> ▶ **依据条款**
>
> （1）《供电服务标准》第 7.2.2 条、第 7.2.3 条。
>
> （2）《国网营销部关于印发供电营业厅运营管理规范（试行）的通知》第四十二条。
>
> （3）《浙江省电力公司通用标准化礼仪服务规范》第 4.1 条。
>
> （4）《国家电网有限公司员工服务"十个不准"》第三条。
>
> （5）《国网浙江省电力有限公司网上国网运营管理办法（试行）》第 74、75 条。

图1-14　营业人员发生业务差错

● **业务规范**

（1）熟悉"两个十条"及营业窗口业务的时限、流程及相关服务政策，客户咨询或业务办理完成后，必须向客户提供统一的《用电业务办理告知书》，不得造成客户重复往返。如遇知识盲区及时通过知识库查询学习。坐收时，收费人员应核对户号、户名、地址等信息，告知客户应交电费金额及收费明细，避免错收，收费后应主动向客户提供收费发票。与客户交接钱物时，应唱收唱付，轻拿轻放，不抛不丢，不得拒收现金，收费当日应及时完成解款和交款，超过解款时间后收取的现金应存入保险柜，并于次日解款。

（2）工作人员应借助线上、线下等各类运营活动以及营业厅业务办理，结合客户实际情况推广线上渠道。

● **管控措施**

（1）加大音视频监控力度，采用提醒、警告、督办等方式要求责任单位落实自查整改，并对闭环处理情况进行复查与督导。

（2）加强线上渠道推广的管控，做好各类线上渠道运营活动策划，引导客户主动参与，不断提升线上服务渠道的便利性。

（3）常态化开展明查暗访，发现的问题应督促责任单位落实自查整改，并对闭环处理情况进行复查与督导。

1.1.6 现场应急处置不恰当（一般违章）

● **违章描述**

（1）客户激增引流不及时。服务高峰时段，未有效分流并做好客户情绪安抚，造成客户排队等候时间过长，如图1-15所示。

（2）应对有情绪的客户或其他突发事件处理不恰当。未建立各

图 1-15 服务高峰时段未有效分流

类突发事件应急演练预案；发生客户情绪激动或突发停电、治安事件、公共卫生事件、火灾爆炸事件、客户受伤或突发疾病、媒体来访等突发事件时，未做好应急响应、信息报告、善后处理等。

（3）安全防护措施不到位。营业场所防滑、防撞、排队引导标识等防护措施落实不到位，如图 1-16 所示。

图 1-16 雨天防滑标识摆放不到位

（4）设备或系统故障未妥善处置。在服务设施、网络、业务支持系统故障或中断情况下，未采取有效解决措施、拖延推诿客户业务、未安抚客户情绪等。

▶ **依据条款**

（1）《国网营销部关于印发供电营业厅运营管理规范（试行）的通知》第三十三条、第三十九条、第四十一条、第九章。

（2）《国网浙江省电力公司供电营业厅标准化应用管理手册》第 5.2.1 条、第 5.2.2 条。

● **业务规范**

（1）客户激增时，做好客户情绪安抚，及时采取增开柜台、引导客户线上办电交费等有效措施，减少客户排队等候时间。营业厅应安排备班人员，营业期间不允许出现空岗。遇有客户量突增、平均等候时间超过 15min 等情况，应及时调配备班人员参与厅内服务。

（2）发生突发事件时，应立即启动应急处理程序，做好应急响应、信息报告、善后处理等工作。各单位每年应至少组织一次营业厅应急演练，并做好记录。

（3）营业场所应根据实际需要做好防滑、防撞、排队引导标识、临时施工公告等防护措施。

（4）在服务设施设备、网络、业务系统故障或中断情况下，做好客户解释和情绪安抚工作，采取有效解决措施处理客户诉求。

● **管控措施**

（1）建立营业场所各类突发事件的应急演练预案，根据实际情况进行滚动修订，提高预案的可操作性。

（2）定期组织应急演练，做好演练过程记录，认真总结演练经验，提高应急响应处理能力。

1.2 客户诉求

1.2.1 屏蔽投诉举报渠道（二级严重违章）

● **违章描述**

旁路95598、12398等服务热线。供电营业场所、供电设施、计量装置、抢修车辆、各类表单及宣传物料等屏蔽95598供电服务热线或未将12398能源监管热线和95598供电服务热线同步、同对象告知到位。例如表箱未张贴服务热线，如图1-17所示。

图1-17 表箱缺少95598标识

▶ **依据条款**

（1）《国网营销部关于开展整治屏蔽95598供电服务热线工作的通知》（更新）。

（2）《国家电网有限公司关于全面加强客户诉求渠道服务质量管理的意见》。

（3）《国家电网有限公司员工服务"十个不准"》第七条。

（4）《国家发展改革委 国家能源局关于全面提升"获得电力"服务水平持续优化用电营商环境的意见》（发改能源规〔2020〕1479号）。

- **业务规范**

（1）实行客户诉求渠道分级分类宣传管控。95598 热线及网站、网上国网是公司客户诉求主渠道，12398、12345 热线是公司客户服务外部监督的主渠道，省、市、县公司层面不设置任何形式的对外服务电话（包括各类抢修电话、供电服务监督举报热线等）。

（2）规范网格化服务渠道客户诉求管理。供电所服务电话与抢修值班电话一体设置，提供 7×24 小时服务，对外公布的网格经理电话、供电服务微信群，应确保工作时间提供服务，非工作时间由 95598 热线提供兜底服务保障；在宣传自建渠道的同时必须同步宣传 95598 热线。

供电企业要完成服务标准和收费项目目录清单制定工作，并在移动客户端、营业场所等渠道予以公开；要将 12398 能源监管热线和 95598 供电服务热线同步、同对象告知到位，保障用户知情权。

- **管控措施**

（1）规范营业厅物料设计、计量装置外观、抢修车辆外观等管理，严格执行审批流程。

（2）定期开展屏蔽 95598、12398 电话等行为的明查暗访，并做好问题整改闭环工作。

1.2.2　工单处理质量不合格（一般违章）

- **违章描述**

（1）工单处理不完善。因客户诉求处理不彻底、工单填写不规范、工单回复不真实、回复结果违反政策法规、工单填写内容与回复（回访）结果不一致等，造成工单回退或回访不满意，如图 1-18 所示。

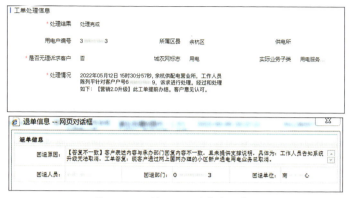

图 1-18 工单回访不满意系统截图

（2）客户诉求处理超时。未按照工单处理时限要求及时处理并答复，如图 1-19 所示。

图 1-19 95598 工单接派超时限系统截图

▶ **依据条款**

《国家电网有限公司 95598 客户服务业务管理办法》第 26 条。

● **业务规范**

（1）各类工单回复应做到规范、全面、真实。工单处理人员接到工单应认真全面了解客户诉求，并逐一答复；工单处理应严格遵照相关法规政策，如实回复；回复内容应规范填写，并提供相关依据及支撑材料。

（2）各类工单回复应控制在时限范围内。严格按照公司 95598 等各类工单的时限要求，及时接派单、审核、处理并答复。

● **管控措施**

（1）充分发挥各级供电服务指挥中心作用，加强工单审核质量的把关。

（2）组织线上、线下多种形式的培训学习，结合工单回退典型案例学习，提升工单回复人员及审核人员的业务能力。

（3）加强工单时限的预警、催办、督办及通报，确保及时处理客户诉求。

1.2.3　工单调查不规范、责任考核落实不到位（二级严重违章）

● **违章描述**

（1）有责工单应定责未定责。有责工单穿透分析不到位，属实性认定错误，相关责任未厘清，系统截图如图 1-20 所示。

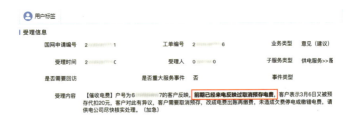

图 1-20　有责工单未整改到位系统截图

（2）有责工单应考核未考核。出现有责工单考核未落实、考核金额或被考核人员与实际不一致情况。

> ▶ **依据条款**
> （1）《关于进一步加强工单处理质量管控及投诉工单分析核查的通知》。
> （2）《国网杭州供电公司供电服务考核实施方案（修订）》第三章、第四章、第五章。

● **业务规范**

（1）工单处理结果应以事实和规章制度为依据，杜绝回复弄虚作假、规避供电企业责任问题。

（2）工单处理人员应深入穿透客户诉求中反映的服务及业务隐患问题，明晰问题责任，确保回复内容真实准确。

● **管控措施**

（1）全面落实分层分级分类管理要求，对重点工单加强问题处理的全过程管控，避免诉求升级。

（2）定期对各类工单的考核结果进行审核、分析、管控，着重抓好责任及考核落实，结合专项稽查，核查发现考核结果存在问题的，实行追加考核。

1.2.4　信息公示更新不及时（二级严重违章）

● **违章描述**

线上渠道信息公示有误。网上国网、微信公众号、95598 网站、政务网等渠道，未及时更新营业网点信息、供电设施检修停电、故障停电、电费电价、办电程序等内容，或公示信息与实际不符，如图 1-21 和图 1-22 所示。

图 1-21　线上渠道公示营业网点已撤并

图 1-22　未及时更新营业网点信息

▶ **依据条款**

（1）《供电服务标准》第 5.3.7.3 条。

（2）《国网浙江省电力有限公司网上国网运营管理办法（试行）》第 21 条。

（3）《供电企业信息公开实施办法》第七条。

● **业务规范**

电子渠道应准确公示服务承诺、服务项目、业务管理流程、投诉监督电话、电价、收费项目及标准、停限电有关信息、可开放容量有关信息等。如有变化，应在发生变化之日起 10 个工作日内更新。

● **管控措施**

（1）线上渠道信息公开工作落实专人负责制，确保动态更新。

（2）对于线上渠道公示内容的完整性和准确性，责任部门应加强日常检查督导。

1.3 现场服务

1.3.1 现场礼仪服务不规范（一般违章）

● **违章描述**

（1）服务礼仪不规范。抄催人员、计量人员、用电检查人员现场工作未出示工作证、未按要求着装；服务行为违反员工服务规范等有关规定，如图1-23所示。

（2）服务态度欠佳。存在推诿搪塞、谩骂、威胁、侮辱客户，使用不文明用语，与客户发生肢体冲突等服务态度问题。

图1-23　服务人员现场工作未着工作服

▶ **依据条款**

《供电服务标准》第5.4.6条。

● **业务规范**

（1）现场服务人员到达前应与客户预约时间，说明工作内容和工作地点，请客户予以配合；现场服务时，应按约定时间准时到达现场，高效服务。

（2）进入客户现场时，应主动出示工作证件，携带必备的工具和材料，遵守客户内部有关规章制度，尊重客户的民族习俗和宗教信仰。如在工作中损坏客户原有设施，应恢复原状或等价赔偿。

（3）现场工作结束后应立即清理，不遗留废弃物，做到设备、场地"人走物清"。

（4）对催收电费等存在客户投诉风险的，现场服务人员应做好证据采集、留痕。

● **管控措施**

（1）开展人员技能培训，实施标准化现场作业，提升现场服务礼仪水平。

（2）对查实的现场服务行为及态度问题，追责到人并严肃落实考核。

1.3.2 故障抢修服务不规范（一般违章）

● **违章描述**

（1）抢修到达现场超时限。抢修人员到达故障现场超时限；因特殊原因无法按规定时限到达故障现场时，未及时与客户沟通解释，工单截图如图 1-24 所示。

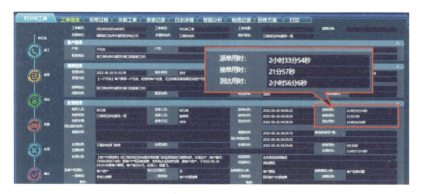

图 1-24 抢修到达现场超时限工单截图

（2）抢修一次处理不到位。停电长期未得到改善或处理不彻底等，导致重复停电，工单详情如图 1-25 所示。

图 1-25 故障抢修不彻底的工单详情

（3）故障抢修沟通不到位。因恶劣天气、抢修难度大等原因造成故障修复时间长，未及时协调处理并与用户沟通；客户资产的设备故障未主动告知并联系相关部门协助处理。

（4）居民家用电器损坏理赔不及时。因发生电力运行事故引起居民用户家用电器损坏时，未在 24 小时内派员赴现场进行调查、核实，并进行理赔。

▶ **依据条款**

（1）《国家电网有限公司 95598 客户服务业务管理办法》中《国家电网有限公司 95598 故障报修业务处理规范》第 5.4 条。

（2）《供电服务标准》第 6.2.5 条。

（3）《国家电网有限公司供电服务"十项承诺"》第 3 条。

（4）《国家电网有限公司员工服务"十个不准"》第一条。

● **业务规范**

（1）抢修人员在处理客户故障报修业务时，应及时联系客户，并做好现场与客户的沟通解释工作。抢修人员到达故障现场时限应符合：城区范围一般为 45min，农村地区一般为 90min，特殊边远地区一般为 120min。抢修到达现场后恢复供电平均时限应符合：城区范围一般为 3h，农村地区一般为 4h。因天气等特殊原因造成故障较多，不能在规定时间内到达现场进行处理的，应及时向客户做好解释工作或联系客户重新约定到达现场时间。

（2）抢修应做到"应修尽修"，对于未能一次修复的故障，应做好登记闭环处理，避免因停电长期未得到改善或处理不彻底等问题导致重复停电。

（3）抢修人员到达现场后，发现由于电力运行事故导致客户家用电器损坏的，抢修人员应做好相关证据的收集及存档工作，并及时转相关部门处理。

● **管控措施**

（1）严格管控客户故障报修业务到达现场实际时限，加强值班力量，合理调度抢修资源，并做好特殊天气的重要服务事项报备。

（2）开展抢修人员业务技能和服务规范培训，提高抢修质量，提升与客户的现场沟通能力。

（3）对重复停电事件实施提级管控，强化分析、监督及责任落实，避免因抢修质量问题引发服务事件升级。

2

电价
电费

2.1　抄表服务

2.1.1　抄表包设置不规范（一般违章）

● 违章描述

（1）转供电关系的转供用户和被转供用户、发用电关联的用户和发电户未放在同一抄表包，系统提示截图如图 2-1 所示。

图 2-1　发用电关联户未放在同一抄表包后系统提示截图

（2）高低压混放同一抄表包（除转供电关系的转供用户和被转供用户以及发用电关联的用户和发电户未放在同一抄表包外），系统提示截图如图 2-2 所示。

（3）新装用户未按规定在流程归档后两个工作日内、当月月末前编入合适的抄表包。

图 2-2　高低压混放同一抄表包中后系统提示截图

> ▶ **依据条款**
>
> （1）《浙江省电力有限公司电费抄核收管理工作规范》第二十条。
>
> （2）《国网浙江省电力有限公司电费抄核收管理工作规范》第二十条。

● **业务规范**

抄表包设置应遵循一定的原则（综合考虑用户类型、地理分布、用户数量、便于线损管理等因素）进行设置，并按以下规定执行：

（1）存在转供电关系的转供用户和被转供用户以及发用电关联的用户和发电户应放在同一抄表包，不允许存在高低压混合抄表包。

（2）抄表包由抄表班长设置，一经设置应相对固定。新装用户应在流程归档后两个工作日内，按照用户属性、计费关联关系、所属台区及时编入合适的抄表包。高压用户由抄表班班长人工分配抄表包，低压用户由系统自动分配抄表包。

（3）用电客户跨供电区域调整，须履行审批手续，并应不影响客户的正常电费计算。

● **管控措施**

（1）对转供电关系的转供用户和被转供用户以及发用电关联的用户和发电户抄表包调整设置系统监管。

（2）对高低压用户抄表包调整设置监控。

（3）对"新装用户未在流程归档后两个工作日内、当月月末前及时编入合适抄表包"纳入常态化稽查管控。

2.1.2　未按规定正确抄表（一般违章）

● **违章描述**

（1）未做好抄前准备工作。电能计量装置、采集设备等故障消缺不及时，抄表前未及时协调督促采集异常的处理，例如存在抄表前三天已经数据异常，抄表当日异常仍未处理的用户（月末电能计量装置、采集设备等故障未及时消缺），采集系统截屏如图 2-3 所示。

（2）远程自动抄表不成功，未及时开展现场补抄。

（3）现场抄表作业不规范。发生估抄、漏抄、错抄或人为更改抄表数据等行为；对已具备红外抄表条件的，未使用抄表设备红外抄表。如当月抄表数据不是 1 日零点值，营销系统和采集系统截图如图 2-4 和图 2-5 所示。

图 2-3 采集系统截屏

图 2-4 当月抄表数据不是 1 日零点值，当月营销系统抄表数据截屏

图 2-5 当月抄表数据不是 1 日零点值，当月采集系统 1 日零点采集数据截屏

（4）抄表数据不准确。分次抄表未正确抄录抄表例日当日 0 时数据；终次抄表未正确抄录月末 24 时冻结数据；需量未抄录上月最大需量冻结值。当月营销系统需量抄表数据截屏和当月采集系统最大需量冻结值截屏如图 2-6 和图 2-7 所示。

图 2-6　当月营销系统需量抄表数据截屏

图 2-7　未抄录最大需量冻结值

● **业务规范**

（1）严肃抄表纪律，按严格规定的抄表周期和抄表例日准确抄录客户用电计量装置记录的数据，不得估抄、漏抄、代抄或人为更改抄表数据。抄表日期不得随意变更。确需变更时，应履行审批手续，并及时告知用户。新装客户应在归档后一个抄表周期内完成抄表。归档时间在抄表例日前，应在本月完成抄表；归档时间在抄表例日当天及以后，应在次月完成抄表。

（2）分次抄表应正确抄录抄表例日当日0时数据；终次抄表应正确抄录月末24时冻结数据；需量应抄录上月最大需量冻结值。

（3）现场补抄、现场核抄应使用专用抄表设备，抄表示数应采用红外等方式自动读取，当现场红外自动读取数据失败时方可手工抄录，记录异常现象，应在现场抄表后五个工作日内完成异常的处理工作。

（4）示数复核重点包括峰谷不平、电量波动值、换表信息等。

● **管控措施**

（1）采集运维班根据抄表前三天采集数据，及时维护消缺。抄表人员发现采集故障应及时与采集运维人员沟通，确保异常及时处理，提高自动抄表成功率。

（2）对起止度不连续、总峰谷电量异常、电量异常波动、需量数据异常等情况设置系统监管。

（3）对每月手工抄表情况进行核查。重点关注①手工抄表数据与采集数据的一致性；②市场化用户、变更用户的手工抄表情况。

（4）对抄表数据不准确的情况纳入常态化稽查主题，开展管控。

2.1.3　示数审核质量把控不严（一般违章）

● **违章描述**

抄表示数复核异常没有闭环处理。对抄表翻度、总峰谷电量异常、高压无功异常、分布式光伏用户电量异常、发电上网电量抄表异常、抄表数据与采集不一致等处理不到位，造成抄表差错。例如示数审核不严导致出账电量差错，如图 2-8 所示。

图 2-8　抄表示数审核不严导致出账电量差错

▶ **依据条款**

《国家电网有限公司电费抄核收管理办法》第二十七条。

● **业务规范**

抄表示数上传后 24h 内，应按抄表数据审核规则准确处理各类示数异常。对自动抄表数据失败、数据异常的应立即发起补抄和异常处理，特殊原因当天来不及到现场补抄的，应在第二天完成补抄工作。

● **管控措施**

（1）在电费审核环节，对系统审核规则内电量异常的用户开展审核。

（2）对分布式光伏用户电量异常、发电上网电量抄表异常、抄表数据与采集不一致等异常开展常态化稽查。

2.2　核算管理

2.2.1　电费试算、量费审核异常未闭环（一般违章）

● 违章描述

（1）未按规定按时实施试算工作。用户信息归档时间如图 2-9 所示。流程信息归档后三个工作日内未完成试算，如图 2-10 所示。

图 2-9　用户信息归档时间

图 2-10　流程信息归档后三个工作日内未完成试算

（2）试算发现问题未及时落实整改及闭环。试算时发现问题和审核时发现问题的系统截屏如图 2-11 和图 2-12 所示。

（3）电费计算过程中出现的量、费突变的异常用户，未逐户审核确认。

图 2-11 试算时发现问题的系统截屏

图 2-12 审核时发现问题的系统截屏

> ▶ **依据条款**
>
> 　《国网浙江省电力有限公司电费核算业务规范》第九条、第十条、第十一条、第十二条、第十三条、第十八条。

● **业务规范**

（1）对新装、增容以及变更用电用户的电费进行模拟试算和审核，确认新增或变更的用户档案各类电费计算参数正确，并应在流程信息归档后三个工作日内完成上述工作。

（2）电费试算时应审核用户档案信息，并确认电费试算结果正确。

（3）电费核算应按照智能电量电费审核规则实施量费审核，对发现的异常用户立即发起异常工单，并进行闭环监控。

● **管控措施**

（1）对未开展电费试算审核的流程进行稽查监控。

（2）核算人员应定期梳理电费核算审核规则，迭代优化系统规则。

2.2.2　核算包设置不规范（一般违章）

● **违章描述**

（1）共用变压器的电力用户、存在转供电关系的电力用户以及发用电关联的电力用户未设置在同一核算包。

（2）核算包参数设置与用户属性不一致。未根据市场化属性、抄表期数、抄表例日、用户分类等分开设置核算包。核算包参数系统截屏和用户属性截屏如图 2-13 和图 2-14 所示。

图 2-13　核算包参数的系统截屏

图 2-14　用户属性的系统截屏

（3）市场化属性变更后，未调整至相应的核算包，如图 2-15 和图 2-16 所示。

图 2-15 零售用户属性的系统截屏

图 2-16 核算包参数的系统截屏

▶ **依据条款**

《国网浙江省电力有限公司电费抄核收管理工作规范》第二十一条。

● **业务规范**

（1）核算包设置应遵循电费审核效率最高原则，综合考虑供电区域、用户分类、电费期数、核算责任人、市场化属性分类等因素。

（2）对转供用户、被转供用户以及发电关联户应设置在同一核算包，其余用户不允许存在高低压混合核算包。

（3）批发用户、零售用户、兜底用户、电网代理购电用户应单独设置核算包。

（4）抄表班班长应在抄表例日前一天核实是否有用户未及时分配核算包。

● **管控措施**

（1）设置转供电关系的转供用户和被转供用户以及发用电关联的用户和发电户核算包调整门禁；设置不同属性用户核算包调整门禁。

（2）对新装用户未在流程归档后两个工作日内及时编入合适核算包、变更用户属性和核算包属性不一致的用户开展常态化稽查。

2.2.3　电费退补处理不规范（一般违章）

● **违章描述**

（1）退补方案制定不合理，审核把关不严，导致退补结果不准确，如图 2-17 所示。

（2）退补依据不充分，无支撑材料或支撑材料有问题。缺少违约用电或窃电的现场照片，电能表故障的校验单，抄表差错、计费参数有误的系统截屏等。齐全的电费退补支撑材料见图 2-18~ 图 2-20。

深圳市供电公司电量电费退补审批单

单位：... 申请编号：1...7

		抄表段编号	3...3
		地　址	杭...村
退（补）电量±	0kwH	退（补）电费±	10252.8 元
实收差错退费		差错年月	202105
退补差错分类	计量故障	退补方式	补

退补情况说明：（差错发生原因、退补依据、计量差错必须附计量鉴定报告、退补计算方法，具体内容可以附后）

该用户运行容量 8600KVA，倍率 12000 倍；
换表前基本电费未计算，现补 5 月 1 日至 12 日基本电费；
5 月 1 日至 12 日抄表最大需量值为 0.0534*12000=640.8，共计 12 天。
需量：640.8*12/30=256.32
补基本电费：256.32*40=12525.8 元

申请部门：客户经理班　经办人：...　电话：5...3

2021 年 7 月 16 日

核算班审核意见：	一级审批部门意见：
不同意！未进行力调电费计算！ 审核人：... 2021 年 7 月 16 日	审批人： 　年　月　日
二级审批部门意见：	三级审批部门意见：
审批人： 　年　月　日	审批人： 　年　月　日

注：本审批单一式两联，审批同意后分别由申请部门和营业及电费室留存。

图 2-17　退补方案制定不合理

国□□□□□□□限公司□□□□□□□ 电量电费退补审批单				
部门		退补类型：抄表差错	日期：2022 年 3 月 3 日	
流程号		户号	8	差错年月	2022 年 2 月
户名					
用电地址	浙□□□□□□□□□□□□□□□□□□□□□□□□号				
现场核查人		核查时间	2022 年 2 月		
核查结果	轮换换表底度录入与表计实际底度不符，需要退电量 57683 度，退电费 47110.45 元				
退补原因	用户□□的电表于 2022 年 2 月 21 日发起表计轮换（户号：8□□□□□5，地址：浙江省杭州市□□□□□□□□□□□□□□□号），师傅现场换表，由 于安装师傅装接单底度写 81661 千瓦时，业务员按安装师傅写的底度 81661 千瓦时录入营销系统造成抄表差错，经核实现旧表实际底度为 23978 千瓦时，故需退电量为 57683 千瓦时。				

退补方案	用户执行的是 2021202112 居民生活（一户一表）；不满 1 千伏；单费率；单一制电价
	
	应退电量为 81661 千瓦时-23978 千瓦时=57683 千瓦时
	
	应退电费为 57683 千瓦时*0.538 元/千瓦时=31033.45 元
	
	    加价一电量：4800 千瓦时-2760 千瓦时=2040 千瓦时
	
	    加价一：2040 千瓦时*0.05 元/千瓦时=102 元
	
	用户阶梯电量累计为 127 千瓦时，1 月底止度为 23829 千瓦时，换表错误输入底度为 81661千瓦时，新表换上后至月末抄表底度为 91 千瓦时。
	
	    加价二度数：（81661 千瓦时-23829 千瓦时）+91 千瓦时-（2760 千瓦时-127 千瓦时）-2040 千瓦时=53250 千瓦时
	
	    加价二：53250 千瓦时*0.3 元/千瓦时=15975 元
	
	    31033.45 元+102 元+15975 元=47110.45 元				

审批意见	部门负责人□□□				
	营销部（农电工作部）：				
	分管领导：				
	审核：			经办人：	

图 2-18　电量电费退补审批单

图 2-19　电能计量表接单记录底度数

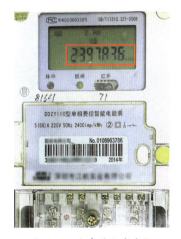

图 2-20　电表计上底度数

（3）退补审批不规范。未严格落实逐级审批制度；纸质审批单内容与营销业务系统内容不一致；存在流程倒置，即：先发起流程，再提交纸质退补申请单的情况。

> ▶ **依据条款**
>
> （1）《国网浙江省电力有限公司电量电费退补业务规范》第十二条、第十四条、第十五条、第十七条、第十八条。
> （2）《国网浙江省电力有限公司电费抄核收管理工作规范》第三十五条。

● **业务规范**

（1）因抄表差错、计费参数错误、计量装置故障、违约用电、窃电等原因需要退补电量电费时，应在当月发起电量电费退补流程，经逐级审批后参与电费计算，退补方式可分为非市场化电量电费退补和市场化电量电费退补。

（2）因违约用电、窃电引起的电量电费退补，应按照《供电营业规则》及相关规定，提出退补电量电费的依据和退补方案；因计量装置故障、烧毁、停走、空走、快走、电能表失压、不停电调表、电能表接线错误等引起的电量电费退补，应根据计量检定结论，确定电量电费退补方案；因采集故障、抄表差错等引起的电量电费退补，应按现场电能表抄见示数确定电量电费退补方案；市场化交易电量电费退补应由各市场主体确认后进行退补。

（3）电量电费退补申请人应根据需要退补电量电费的原因完成

电量电费退补方案的编制工作，并填写电量电费退补审批单，按电量电费退补的最终审批权限逐级进行审批。同时，确保能源互联网营销服务系统中发起电量电费退补流程的填写内容必须与审批单内容一致。

● **管控措施**

（1）不定期开展系统方案与纸质内容一致性检查。

（2）建立电量电费退补检查机制，定期对电量电费退补工作质量开展监督核查。

2.3 收费管理

2.3.1 电费收取行为违规（一级严重违章）

● **违章描述**

（1）存在跨考核周期冲正、垫付电费等电费回收弄虚作假行为。未收到用户电费，擅自进行电费一次销账，过考核期后予以冲销或长期未做到账确认操作，如图 2-21 所示。

图 2-21 跨电费回收考核周期违规冲正

（2）工作人员使用信用卡、花呗、借呗及其他互联网金融理财等方式交纳电费，引导客户将电费款项转至个人账户，擅自套取现金或赚取利差等，如图 2-22 和图 2-23 所示。

图 2-22 营业厅人员收取用户现金

图 2-23 营业厅人员使用自己的信用卡违规套现

（3）未经转出户户主书面同意，违规将预收电费转至他人户号。

▶ **依据条款**

（1）《国家电网有限公司电费抄核收管理办法》第五十四条。

（2）《国网浙江省电力有限公司电费抄核收工作规范》第四十二条、第六十一条。

（3）《国网浙江省电力有限公司电费收费业务规范》第十条。

（4）《国网浙江省电力有限公司电费催费业务规范》第十六条。

● **业务规范**

（1）当日银行解款前发现错收电费的，可由当日原收费人员进行全额冲正处理，并记录冲正原因，收回并作废原发票。当日收费更正需执行一级审批，隔日收费冲正执行四级审批。

（2）催费责任部门应根据用户用电、交费、风险等情况，分类制定个性化催费策略，对已经发生欠费的客户进行持续跟踪分析，制定和落实具体催收措施。

（3）严格执行电费收费、账务处理等不相容岗位分离制度，不相容岗位不得混岗。

（4）营业厅收费人员收费后，必须通过系统进行收费销账，销账金额必须与实际向用户收取的金额一致。

（5）收费人员不得以任何借口挪用、截留电费资金。

（6）加强用户预收互转管理，不同合同账户的用户之间预收互转，原则上应由转出用户提出申请；特殊情况由转入户申请时，应由相关方签订协议后方可互转。

（7）执行逐级审批制度，坚决杜绝预收电费违规互转。

● **管控措施**

（1）加强隔日冲正审批制度，严禁无恰当理由冲正电费。

（2）增加对电费回收考核日后冲正前期电费的稽查预警。

（3）收费网点应安装监控和报警系统，实现收费作业全过程实时监控。

（4）对同一收费人员的账号频繁冲正的情况开展核查，防控电费资金安全风险。

（5）加强预收互转业务审批制度，严禁未经用户允许的预收互转业务。

2.3.2　电费预收管理不合规（一般违章）

● 违章描述

（1）无正当理由随意冻结用户预收电费，系统截图如图 2-24 所示。

图 2-24　预收电费冻结系统截图

（2）预收互转业务资料填写不规范、收取不完整，如图 2-25 所示。

（3）销户用户预收电费未及时清退，如图 2-26 和图 2-27 所示。

表 2.3 预收费销转申请单

部门单位（供电所）：黄▓▓▓▓▓▓站

	户号：6▓▓▓▓▓8	户名：▓▓▓
转出	地址：浙▓▓▓▓▓▓▓▓▓▓▓▓▓▓▓▓变	
	申请转出金额：200.00 元	
	户号：6▓▓▓2	户名：▓▓▓
转入	地址：浙▓▓▓▓▓▓▓▓▓▓▓▓▓▓号	
	申请转入金额：200.00 元	

内容：用户：6▓▓▓8用户电表账户余额申请转入6121012182

申请人（申请单位）：▓▓▓

2021 年 8 月 5 日

班组（▓▓▓▓▓▓）：

签名：▓▓▓　　　　　　　　2021 年 8 月 5 日

所在单位审批：

签名：　　　　　　　　　　年　月　日

业务班审批：

签名：　　　　　　　　　　年　月　日

图 2-25　预收互转业务单填写不规范

图 2-26　销户用户预收电费未及时清退系统截图（一）

图 2-27 销户用户预收电费未及时清退系统截图（二）

（4）智能交费签约不合规。用户不知情的情况下在系统中虚假签订智能交费协议；智能交费协议签订不规范，如图 2-28 所示。

> **依据条款**
> （1）《国网浙江省电力有限公司电费抄核收管理工作规范》第六十七条、第六十八条、第六十九条。
> （2）《国网浙江省电力有限公司远程预付费控业务规范》第十九条。

● **业务规范**

（1）规范预收电费管理，不得随意冻结用户电费，严禁以保证金形式预收电费。

（2）加强销户用户退费管理，由催收责任部门及时告知用户办理退费手续。

（3）预付费控用户必须规范签订低压电力智能交费服务协议或电费预付结算协议书（作为供用电合同的附件）。

（4）严格履行费控签约用户法定告知义务，对缴费方式、预交金额、提醒方式、扣费方式等进行充分告知，确保签约人知情、

图 2-28 智能交费协议签订不规范

自愿。

● **管控措施**

定期开展销户预收电费未清退、智能交费规范性专项检查。

2.3.3 催费、欠费停复电不规范（二级严重违章）

● **违章描述**

（1）用户联系信息未及时更新，导致电费通知及催缴短信错发。

（2）电费催缴工作不规范。通知单现场派发错误、未按规定时间要求催费、停电通知单代替催缴单等，如图 2-29 所示。

（3）欠费停电不规范。未严格履行审批程序，未按要求通知用户实施停电，未按规定要求时间实施停电等。

（4）用户的欠费及违约金交清后，未在规定时间内复电。

▶ **依据条款**

（1）《供电营业规则》第六十七条。

（2）《国网浙江省电力有限公司电费抄核收管理工作规范》第五十六条。

（3）《国网浙江省电力有限公司电费欠费风险预控业务规范》附件 8　欠费停电处置措施。

图 2-29 停电通知单代替催缴单

● **业务规范**

（1）电费催缴前应核对用户联系方式，规范开展催缴工作。

（2）电费催交通知书、停电通知书应由专人审核、专档管理。现场发放停电通知书应通过现场作业终端等设备拍照上传，做好取证留存工作。

（3）停电申请单经批准后，方可交停电执行人员执行。执行人员在正式实施停电前 30min，应再次仔细核对用户欠费资料，以防造成误停电，并将停电时间再次通知客户，在规定时间实施停电。

（4）对于居民用户，当用户缴清电费和电费违约金后，由内勤人员确认，经部门领导和班组长同意后，通知复电人员实施复电手续。对非居民用户，在缴清欠费和电费违约金后，必须办理相关的电费风险管控措施后，予以恢复供电。

（5）复电人员在接到复电通知后，应在 24h 内恢复供电，严禁无故拖延复电时间和私自送电。

● **管控措施**

（1）对 95598 工单反馈用户联系信息有误的及时修正，对智能语音催缴异常清单及时核实处理，提高用户联系信息的准确性。

（2）对 95598 工单中反映的停电日期超过缴费截止日小于 30天、停电通知单送达日期距离停电日期小于 7 天等问题进行核查。

（3）推广远程停复电。

2.3.4　充值卡账实不符（一般违章）

● **违章描述**

（1）充值卡库房未达"三铁一监控"（铁门、铁窗、铁柜、监控）要求。未将库存的电费充值卡应存放在保险柜内，做到"二清"（数量清、规格清）、"三齐"（库容整齐、摆放整齐、标识齐全）、"三一致"（系统、台账、实物一致），存在电费充值卡丢失风险。例如，电费充值卡未按规范存放在保险柜内，如图 2-30 所示。

图 2-30　电费充值卡未按规范存放在保险柜内

（2）未按规范出入库登记、定期盘存。

▶　**依据条款**

《国网浙江省电力有限公司电费充值卡业务规范》第十六条、第十七条、第十八条。

● **业务规范**

（1）库房应满足"三铁一监控"要求。所有库存的电费充值卡应存放在保险柜内，做到"二清""三齐""三一致"。

（2）电费充值卡出、入库必须填写出、入库凭证。市、县公司财务资产部和客户服务中心要定期对本单位库存电费充值卡进行盘存，编制盘存表，保证电费充值卡的安全完整。

● **管控措施**

（1）定期对本单位库存电费充值卡进行盘存，编制盘存表，保证电费充值卡的安全完整。定期盘存一般每年不少于两次。

（2）开展电费充值卡安全核查，实施抽盘、监盘，检查保管环境是否符合要求。

2.3.5 发票管理混乱（一般违章）

● **违章描述**

（1）未设置台账管理记录，电费票据的领取、核对、作废及保管没有完备的登记和签收手续。发票领用登记簿未签字、未留领用人电话，如图 2-31 所示。

发票领用登记簿					
用户名称	发票编号	发票金额	领用日期	领用人签字	领用人电话
杭 司	0 6	69600	6.15		
融 业	0 0	25000	6.21		
杭 司	0 9	100000	6.22		
杭 司	0 7	58600	6.24		
杭 司	0 1	65100	6.28		
杭 司	0 3	132300	7.1		
太 司	0 7	16700	7.8		

图 2-31 发票领用登记簿未签字、未留领用人电话

（2）电力系统和税务管控专用系统中的发票信息不一致。

营销系统户名与增值税发票户名不一致，如图 2-32 和图 2-33 所示。

图 2-32　营销系统户名系统截图

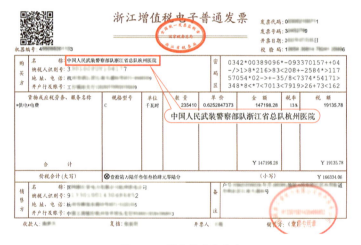

图 2-33　增值税发票户名

（3）手工修改纸质增值税专用发票数据。

> ▶ **依据条款**
>
> 《国家电网有限公司电费抄核收管理办法》第六十七条。

● **业务规范**

（1）电费票据的领取、核对、作废及保管应有完备的登记和签收手续。未经税务机关批准，电费发票不得超越范围使用。严禁转借、转让、代开或重复开具电费票据。

（2）增值税专用发票、增值税普通电子发票应通过电力业务系统或税务管控专用系统开具，并在系统中如实登记开票时间、开票人、票据类型和票据编号等信息。严禁手工填写、开具电费发票。

（3）必须保证开具发票的真实性、完整性、合法性，填票内容与发票的使用范围一致。

● **管控措施**

（1）定期对票据领用登记情况和手工开票情况等发票管理工作进行检查。

（2）开展户名与增值税名不一致常态化稽查。

2.3.6　电费违约金暂缓不规范（一般违章）

● **违章描述**

（1）未严格落实违约金暂缓审批制度，超范围暂缓电费违约金，如图 2-34 所示。

（2）电费违约金暂缓纸质与系统流程未同步流转、暂缓依据不充分，如图 2-35 和图 2-36 所示。

附表1：

国网杭州供电公司电费违约金暂缓审批单

填写单位（部门）：上 ████ 司   流程编号：2████████6

户　号	3█████████5	户　名	杭████████ 司
交费方式	电力柜台收费	地　址	杭████████ 号
欠费时间	2021 年 6 月	欠费金额	32885.84 元
违约金	328.86 元	暂缓金额	328.86 元
暂缓原因：该户因企业财务请假未及时缴费，申请减免违约金328.86 元。			
	经办人 ████ 2021 年 7 月 16 日		
班组意见：该原因不能减免！ 审核人 ████ 2021 年 7月			
供电单位审批意见： 审批人： 年　月　日			
营销部审批意见： 审批人： 年　月　日			
公司分管领导审批意见： 审批人： 年　月　日			

注：本单据一式一联，由账务班归档留存。

暂缓原因：该户因企业财务请假未及时缴费，申请减免违约金328.86 元。

图 2-34　超范围暂缓电费违约金

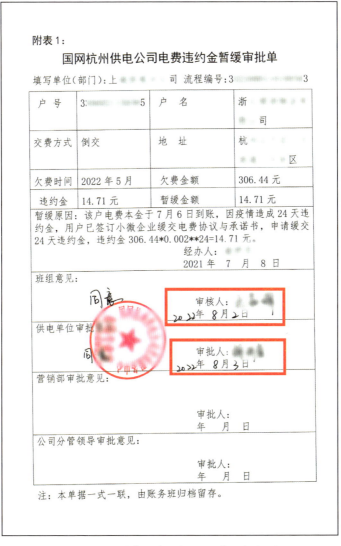

附表1：

国网杭州供电公司电费违约金暂缓审批单

填写单位（部门）：上████司 流程编号：3█████████3

户　号	3█████5	户　名	浙████████司
交费方式	倒交	地　址	杭██████区
欠费时间	2022年5月	欠费金额	306.44元
违约金	14.71元	暂缓金额	14.71元

暂缓原因：该户电费本金于7月6日到账，因疫情造成24天违约金，用户已签订小微企业缓交电费协议与承诺书，申请缓交24天违约金，违约金306.44*0.002**24=14.71元。 经办人：███ 2021年 7月 8日
班组意见： 同意 审核人：████ 2022年 8月2日
供电单位审批意见： 同意 审批人：████ 2022年 8月3日
营销部审批意见： 审批人： 年　月　日
公司分管领导审批意见： 审批人： 年　月　日

注：本单据一式一联，由账务班归档留存。

图2-35　纸质审批单与系统流程未同步（一）

图 2-36　纸质审批单与系统流程未同步（二）

> ▶ **依据条款**
>
> （1）《供电营业规则》第九十八条。
>
> （2）《国网浙江省电力有限公司电费违约金管理业务
> 规范》第十九条。
>
> （3）《国网浙江省电力有限公司电费抄核收工作规范》
> 第四十二条。

● **业务规范**

（1）严格按供用电合同的约定执行电费违约金制度，不得随意减免电费违约金。由用户通过网上银行等交费渠道"倒交"电费，未及时通知收费人员造成滞后销账等非用户原因引起的电费违约金，经审批同意后实施电费违约金暂缓。

（2）纸质电费违约金暂缓审批单应与系统流程同步流转。

● **管控措施**

（1）不定期开展电费违约金纸质审批单与系统内容的核查。

（2）建立违约金暂缓检查机制，定期对违约金暂缓工作质量开展监督核查。

3

营业业扩

3.1 业扩全过程服务

3.1.1 现场查勘不全面（一般违章）

● **违章描述**

（1）现场查勘组织不到位。未提前与客户预约查勘时间，重复多次查勘；现场查勘未实行合并作业和联合勘查，高压现场勘查单如图 3-1 所示。低压客户具备直接装表条件的，未当场装表接电，如图 3-2 所示。系统时间节点截图如图 3-3 所示。

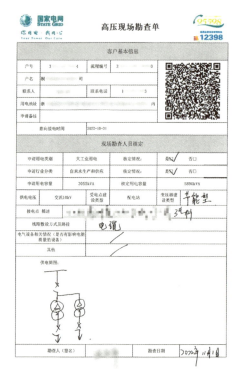

图 3-1　现场查勘未实行联合勘查

图 3-2　具备直接装表条件未当场装表接电

环节名称	签收人	环节开始时间	环节结束时间
线上业务受理		2022-12-25 16:09:04	2022-12-25 16:17:00
上门服务		2022-12-25 16:17:00	2022-12-27 15:36:14
合同签订		2022-12-27 15:36:14	2022-12-29 09:00:33
计量设备配置出库		2022-12-27 15:36:14	2022-12-29 09:01:32
设备领用		2022-12-29 09:01:32	2022-12-29 09:02:27
装表接电		2022-12-29 09:02:27	2022-12-29 10:40:27

图 3-3　系统时间节点截图

（2）用户用电容量，用电性质及负荷特性等查勘内容核定不到位，客户重要负荷认定错误。

（3）现场实际具备供电条件，以不具备供电条件为由，拒绝客户报装需求，现场不具备供电条件，但未做好客户解释沟通工作，如图 3-4 和图 3-5 所示。

▶ **依据条款**

《国家电网公司业扩报装管理规则》（国家电网企管〔2019〕431号）第六十九条、第七十条、第七十一条、第七十二条。

图 3-4　以不具备供电条件为由终止流程截图

● **业务规范**

（1）根据与客户预约的时间，组织开展现场勘查。现场勘查实行合并作业和联合勘查，提高现场勘查效率。低压客户实行勘查装表"一岗制"作业，高压客户实行联合勘查、一次办结。

（2）现场勘查应重点核实客户负荷性质、用电容量、用电类别等信息，结合现场供电条件，初步确定供电电源、计量、计费方案。

1）对申请新装、增容用电的居民客户，应核定用电容量，确认供电电压、用电相别、计量装置位置和接户线的路径、长度。

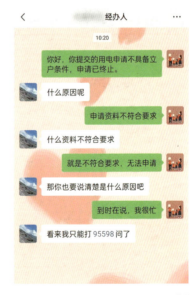

图 3-5　客户经理微信（办电 E 助手）聊天记录

2）对申请新装、增容用电的非居民客户，应审核客户的用电需求，确定新增用电容量、用电性质及负荷特性，初步确定供电电源、供电电压、供电容量、计量方案、计费方案等。

3）对拟定的重要电力客户，应根据国家确定重要负荷等级有关规定，审核客户行业范围和负荷特性，并根据客户供电可靠性的要求以及中断供电危害程度确定供电方式。

4）对申请增容的客户，应核实客户名称、用电地址、电能表箱位、表位、表号、倍率等信息，检查电能计量装置和受电装置运行情况。

（3）对现场不具备供电条件的，应在勘查意见中说明原因，并向客户做好解释工作。

● **管控措施**

（1）开展高低压业扩流程核查，对现场勘查环节业务规范、服务态度等进行监督。

（2）定期抽查系统内现场勘查单的规范性。

3.1.2　清费政策落实不到位（一级严重违章）

● **违章描述**

（1）低压客户未投资到表箱，低压容量开放政策执行不到位。低压非国网表箱照片如图3-6所示。

图3-6　低压非国网表箱

（2）电力接入工程费用分担机制执行不到位。在城镇规划建设用地范围内，投资界面未延伸至用户建筑区划红线，由用户承担了建筑区划红线外供电相关费用，用户工程决算书含分界点设备的截图如图 3-7 所示。

工程审核简明表

单位及专业工程名称：铜　　　　　　　　　　　　　　程　　　　　　　　　　　　　　　　第 3 页 共 6 页

| 序号 | 送审 | | | | | 审定 | | | | | 核增 | 核减 | 核增减 |
	项目编码	项目名称	单位	工程量	单价	合价	项目编码	项目名称	单位	工程量	单价	合价			
19	主材	杆上真空开关（搭火杆产权分界点）	个	1	4500.00	4500	主材	杆上真空开关（搭火杆产权分界点）	个	1	4500.00	4500			
20	4-8-207	防火堵洞保护管	处	12	11.81	142	4-8-207	防火堵洞保护管	处	12	11.81	141.72			
21	主材	充气式电缆管道密封装置RDSS-150	套	12	388.89	4667	主材	充气式电缆管道密封装置RDSS-150	套	12	388.89	4666.68			
22	4-8-209	防火涂料	10kg	8	265.89	2127	4-8-209	防火涂料	10kg	8	265.89	2127.12			
23	4-8-205	防火堵洞盘柜下	处	20	93.84	1877	4-8-205	防火堵洞盘柜下	处	20	93.96	1879.2	2.40		2.40
24	主材	防火泥	公斤	100	16.22	1622	主材	防火泥	公斤	100	16.22	1622			
25	4-3-22	矩形铜母线安装每相一片截面（mm2）≤800	10m/单相	0.66	393.13	259	4-3-22	矩形铜母线安装每相一片截面（mm2）≤800	10m/单相	0.66	393.95	260.01	0.54		0.54
26	4-3-21	矩形铜母线安装每相一片截面（mm2）≤360	10m/单相	0.2	295.00	59	4-3-21	矩形铜母线安装每相一片截面（mm2）≤360	10m/单相	0.2	295.57	59.11	0.11		0.11
27	4-3-23	矩形铜母线安装每相一片截面（mm2）≤1000	10m/单相	0.66	475.58	314	4-3-23	矩形铜母线安装每相一片截面（mm2）≤1000	10m/单相	0.66	476.57	314.54	0.66		0.66
28	4-14-137	电缆试验泄漏试验	根/	3	268.30	805	4-14-137	电缆试验泄漏试验	根/	3	268.3	804.9			
29	4-14-14	送配电装置系统调试 10kV以下交流供电断器	系统	1	1126.53	1127	4-14-14	送配电装置系统调试 10kV以下交流供电断器器 真空供电器器测试仪VIDAR	系统	1	1126.53	1126.53			

图 3-7　用户工程决算书含分界点设备的截图

（3）在业扩报装过程中，向用户收取移表费、计量装置赔偿费、低压计量检测费、互感器试验费等类似名目费用。

（4）在其他业务办理过程中，向用户收取计量装置检定费、计量装置安装费等政府明确取消的费用。

▶ **依据条款**

（1）《关于清理规范城镇供水供电供气供暖行业收费促进行业高质量发展的意见》（国办函〔2020〕129号）第二项第六款。

（2）《国家发展改革委办公厅关于清理规范电网和转供电环节收费有关事项的通知》（发改办价格〔2018〕787号）第一条。

（3）《关于开展水电气暖领域涉企违规收费自查自纠工作的通知》（发改价格〔2022〕1116号）第二条第三款。

（4）《国家发展改革委国家能源局关于全面提升"获得电力"服务水平持续优化用电营商环境的意见》（发改能源规〔2020〕1479号）第四条第九款。

● **业务规范**

（1）优化业扩配套电网投资界面，低压客户投资到表箱；规定容量以下客户原则上采取低压方式接入电网；符合延伸投资条件的高压客户延伸投资界面政策执行到位。

（2）取消电网企业向电力用户收取的变电站间隔占用费、计量装置检验费、电力负荷管理终端设备费等收费项目。

● **管控措施**

（1）定期核查低压业扩配套工程费用、分担机制执行、低压接入容量开放的情况。

（2）定期对业务费收取规范性进行核查。

3.1.3 方案制定、答复不合理（一般违章）

● **违章描述**

（1）电源方案与用户负荷重要性不相符。

（2）电能表、互感器、采集终端等影响计量方案准确性的参数配置有误；电价、功率因素、线（变）损等影响计费方案准确性的参数配置有误。例如图3-8中容量和电流互感器不匹配；图3-9中大工业用户执行功率因数标准为0.85。

图 3-8　容量和电流互感器不匹配系统截图

图 3-9 大工业用户执行功率因数标准为 0.85 系统截图

（3）供电电源运行方式、联络方式、收费标准等影响高可靠性费用确定的参数核定错误。例如系统内联络方式为低压联络，但现场设备处采用高压联络，如图 3-10 和图 3-11 所示。

（4）客户供电方案答复不规范，未由营销部门一口对外统一答复。

图 3-10 系统内联络方式为低压联络

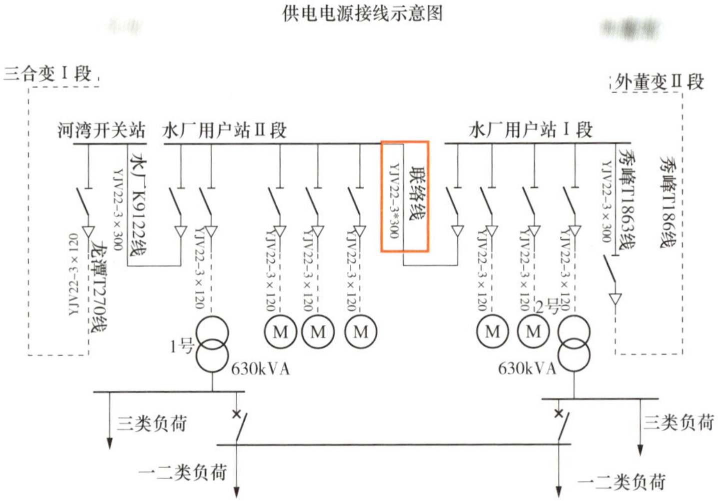

供电电源接线示意图

图 3-11 现场设备高压联络

> **▶ 依据条款**
>
> （1）《国务院办公厅转发国家发展改革委等部门关于
>   清理规范城镇供水供电供气供暖行业收费促进行
>   业高质量发展意见的通知》（国办函〔2020〕129
>   号）第二条第（五）点。
>
> （2）《国家电网公司业扩报装管理规则》（国家电网企
>   管〔2019〕431号）第七十三条、第七十五条。

● **业务规范**

（1）依据供电方案编制有关规定和技术标准要求，结合现场勘查结果、电网规划、用电需求及当地供电条件等因素，经过技术经济比较、与客户协商一致后，拟定供电方案。方案包含客户用电申请概况、接入系统方案、受电系统方案、计量计费方案、其他事项5部分内容。

（2）根据客户供电电压等级和重要性等级，取消供电方案分级审批，实行直接开放、网上会签或集中会审，并由营销部门统一答复客户。

● **管控措施**

（1）定期核查低压业扩配套工程费用、分担机制执行、低压接入容量开放的情况。

（2）加强客户经理业务培训，提升客户经理业务水平，确保供电方案合理、正确、规范。

（3）常态化开展业务规范度检查和稽查，对供电方案制定、答复不合理情况进行通报。

3.1.4 图纸审核不严密（一般违章）

● **违章描述**

（1）对普通客户仍进行设计文件审查，如图 3-12 所示。

（2）对工程设计单位资质审核不严，未能及时发现资质不符合规范情况。

（3）图纸内容（包括出资界面、计量方案、设备选型）等与国家、行业技术标准以及供电方案要求不符。

（4）图纸审查意见未一次性书面答复客户。如图 3-13 和图 3-14 所示，两张设计文件审核意见单，审图时间为同一天，意见单日期相隔一天。

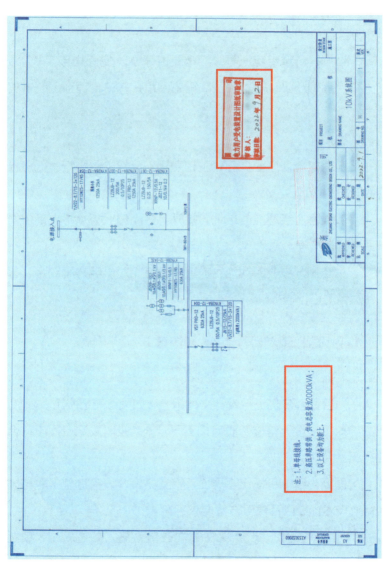

图 3-12 对普通客户进行设计文件审查

国家电网 STATE GRID 你用电·我用心 Your Power Our Care	客户受电工程设计文件 审核意见单	95598 12398

户号	3	8	流程编号	3	9	
户名	杭 司					
用电地址	浙 号					
联系人			联系电话	1	8	

审核意见（可附页）：
不合格，存在以下问题：1. 电流互感器与供电方案不符；2. 无双电源切换闭锁装置

供电企业（盖章）：

审图人	王五 李四	审图日期	2022 年 10月 1 日
主管	张三	批准日期	2022 年 10月 1 日
客户签收：			2022年 10月 19日
其他说明	特别提醒：未经供电企业审核确认的变更项目，电力客户不得进行变更设计，否则供电企业将不予检验和接电。		

图 3-13　审核意见单（一）

户号	3 8	流程编号	3 9
户名	杭 司		
用电地址	浙 号		
联系人		联系电话	1 8

国家电网 STATE GRID
你用电·我用心
Your Power Our Care

**客户受电工程设计文件
审核意见单**

95598
12398

审核意见（可附页）：
不合格，存在以下问题：1.未设置高压计量柜。

供电企业

审图人	王	审图日期	2022 年 10 月 1 日
主管	张	批准日期	2022 年 10 月 1 日
客户签收：			2022 年 10 月 1 日
其他说明	特别提醒：未经供电企业审核确认的变更项目，电力客户不得进行变更设计，否则供电企业将不予检验和接电。		

图 3-14　审核意见单（二）

▶ **依据条款**

《国家电网公司业扩报装管理规则》（国家电网企管〔2019〕431号）第七十八条、第七十九条、第八十条。

● **业务规范**

对于重要或者有特殊负荷的客户，开展设计文件审查，重点审核设计单位资质是否符合国家相关规定，严格按照国家、行业技术标准以及供电方案要求，开展重要或特殊负荷客户设计文件审查，审查意见应一次性书面答复客户。

● **管控措施**

（1）定期开展业务规范度核查，对于普通客户，核查是否线下设置图审环节。

（2）定期对系统内图审意见单、图纸规范性进行抽查。

3.1.5 中间检查不到位（一般违章）

● **违章描述**

（1）对普通客户仍开展中间检查，如图3-15所示。

（2）对接地、防雷、电缆沟等隐蔽工程隐患问题，未能及时发现或督促用户完成整改。

（3）中间检查意见未一次性书面答复客户。如图3-16和图3-17所示，两张中间检查意见单，检查时间为同一天，意见单日期相隔一周。

图 3-15　单电源用户存在中间检查意见单

图 3-16　中间检查意见单（一）

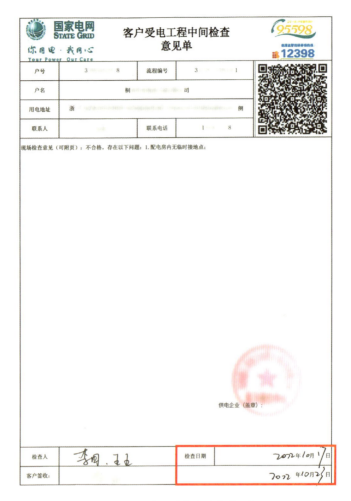

图 3-17　中间检查意见单（二）

▶ **依据条款**

《国家电网公司业扩报装管理规则》（国家电网企管〔2019〕431号）第八十三条。

● **业务规范**

重点检查涉及电网安全的隐蔽工程施工工艺、计量相关设备选型等项目。

● **管控措施**

（1）开展高低压业扩流程核查，对中间检查环节业务规范、服务态度等进行监督。

（2）定期抽查系统内中间检查意见单的规范性。

3.1.6 验收不规范（一般违章）

● **违章描述**

（1）工程竣工资料不全或不符合规范，如图 3-18 所示，缺少竣工图。

图 3-18 工程竣工资料缺少竣工图

（2）对影响电网安全运行的接网设备和涉网保护装置未重点核查，存在电网安全运行风险，如图3-19和图3-20所示，竣工意见单通过但现场设备存在重大隐患。

图3-19　竣工验收意见单通过的截图

图3-20　未可靠连接

（3）对竣工检验发现问题的整改情况监督、落实不到位。

（4）未简化竣工检验内容，以运行规章制度缺失、安全措施不到位等非涉网缺陷为由，拒绝通过客户验收申请，如图3-21所示。

图 3-21 非涉网缺陷为由，拒绝通过客户验收申请

▶ **依据条款**

《国家电网公司业扩报装管理规则》（国家电网企管〔2019〕431 号）第八十五条、第八十六条。

● **业务规范**

简化竣工检验内容，重点查验可能影响电网安全运行的接网设备和涉网保护装置。应与客户预约检验时间，组织开展竣工检验。按照国家、行业标准、规程和客户竣工报验资料，对受电工程涉网部分进行全面检验。

● **管控措施**

（1）开展高低压业扩流程核查，对竣工检验环节业务规范、服务态度等进行监督。

（2）定期抽查系统内竣工检验意见单的规范性。

3.1.7 送电不规范（一级严重违章）

● **违章描述**

（1）未对全部电气设备做外观检查（如图 3-22 所示），未确认已拆除所有临时电源。

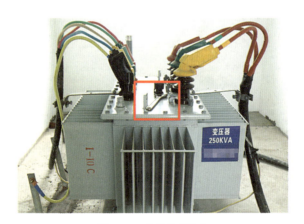

图 3-22 未做外观检查

（2）未履行送电程序，投运手续不完整，或未严格执行投运启动方案。空白送电单如图 3-23 所示。

户号	3		6	流程编号	3		7			
户名	杭				司					
用电地址	浙							60		
联系人				联系电话		1		8		
申请容量		400		合计容量			400			
电源编号	电源性质	电源类型	供电电压	变电站	线路	杆号	变压器台数	变压器容量
33220729	主供电源	公线	交流10kV	洋洲变	岩坞T311线	13号杆	1	400

送电结果和意见：

| 送电人 | | 送电日期 | 年 月 日 |

客户意见：

客户签收：

年 月 日（签章）

图 3-23　空白送电单

▶ **依据条款**

《国家电网公司业扩报装管理规则》（国家电网企管〔2019〕431 号）第一百零三条。

● **业务规范**

正式接电前，应完成接电条件审核，并对全部电气设备做外观检查；确认已拆除所有临时电源，并对二次回路进行联动试验；抄录电能表编号、主要铭牌参数、起度数等信息。

● **管控措施**

（1）开展高低压业扩流程核查，对送电环节业务规范、服务态度等进行监督。

（2）定期抽查系统内送电单的规范性。

3.2 业扩时限管理

3.2.1 业扩流程超时限（二级严重违章）

● **违章描述**

（1）低压新装、增容流程全流程时长超期。

（2）高压新装、增容，高压装表临时用电流程各关键环节时长超期。

> ▶ **依据条款**
>
> 《关于全面提升"获得电力"服务水平 持续优化用电营商环境的意见》（发改能源规〔2020〕1479号）工作目标。

● **业务规范**

将供电企业办理用电报装业务各环节合计时间在现行规定基础上压缩40%以上。

● **管控措施**

明确各环节时限要求，制定业扩流程时限管控措施，建立业扩时限多层级预警机制，责任落实到人。

3.2.2 体外循环、压单、虚假送电等业扩失真行为（一级严重违章）

● **违章描述**

（1）业扩流程为规避流程时限考核，通过线下流转等方式体外循环。

（2）存在客户用电申请未按时限要求及时录入系统流转等压单行为，如图 3-24 和图 3-25 所示。

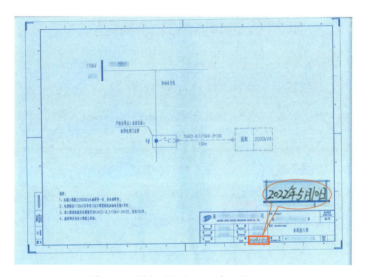

图 3-24　图纸时间为 2022 年 5 月 10 日

归档事务

环节名称	签收人	环节开始时间	环节结束时间
营业厅受理		2022-05-14 14:11:41	2022-05-14 14:20:03
现场勘查		2022-05-14 14:20:03	2022-05-15 13:48:41
供电方案答复		2022-05-15 13:48:41	2022-05-15 13:50:07
设计文件受理		2022-05-15 13:50:07	2022-05-15 13:53:11
设计文件审核		2022-05-15 13:53:11	2022-05-15 13:54:19

待处理事务

环节名称	签收人	参与者	签收时间	环节超期时间	环节状态
业务费收取		查看			运行
合同起草		查看			运行
中间检查受理		查看	2022-05-15 13:54:45		运行

图 3-25　流程系统时间截图

（3）存在系统环节与现场实际不一致虚假送电的情况。

（4）业扩档案资料中存在随意涂改表单、关键信息空白、时序逻辑混乱等。

> ▶ **依据条款**
>
> 　关于全面提升"获得电力"服务水平　持续优化用电营商环境的意见（发改能源规〔2020〕1479号）压减用电办理时间章节。

● **业务规范**

要如实记录用电报装时间信息，禁止"体外循环"后补流程或重走流程。

● **管控措施**

（1）明确各环节时限要求，制定业扩流程时限管控措施，建立业扩时限多层级预警机制，责任落实到人。

（2）开展亚扩时限专项稽查，严查严办弄虚作假、时限倒置、虚假送电等情况，通过现场核查、客户回访等方式加大核查监管力度。

3.3 三指定

3.3.1 限制客户知情权（一级严重违章）

● **违章描述**

（1）供电营业场所未设置、未开通受电工程信息公开和监管系统电脑终端，客户无法查询和了解受电工程信息。

（2）业扩受理环节未主动与客户告知并签订关于受电工程建设有关事项的提示，未主动发放客户受电工程业务办理告知书。

> ▶ **依据条款**
>
> 《浙江省电力用户受电工程市场行为监管办法》第六条、第二十三条。

● **业务规范**

（1）供电企业对符合要求用户的用电申请，应当及时办理相关手续，并书面告知《关于受电工程建设有关事项的提示》。

（2）设计、施工和设备材料供应企业及用户，根据需要可以查询录入有关信息，对相关事项进行评价。

● **管控措施**

完善各项"三不指定"告知手段和措施，加强窗口人员业务培训，确保告知书签订到位，加强日常监督检查，提高咨询服务能力。

3.3.2　业扩报装过程中存在指定设计、施工、设备材料供应单位的"三指定"行为（一级严重违章）

● **违章描述**

（1）擅自增设环节，对受理用户报装申请设置前置条件。违规设置承揽受电工程的设计、施工单位的资质条件，向非关联企业实施入网安全生产资格审查等"二次许可"行为。

（2）授意关联企业人员参与报装申请、现场勘查、供电方案答复、设计图纸审核、竣工检验等用电报装环节，或向关联企业提供业扩报装信息，出现主业还未方案答复，关联企业已经开始或完成工程设计、施工；关联企业人员签名出现在查勘、审图、竣工验收等人员名单中。

（3）拖延供电方案答复时间，提供不合理供电方案、供电方案答复不完整等行为，干扰客户自主选择。如图 3-26 所示。

▶ **依据条款**

（1）《国家能源局用户受电工程三指定行为认定指引》第七条、第八条、第九条、第十二条。

（2）《国网杭州供电公司关于印发客户受电工程"三指定"问题专项治理实施方案的通知》第三部分。

（4）通过批复不合理电源点或隐瞒供电能力、提高设计和施工单位资质等级和业绩标准、提高设计图纸审查标准、分批或拖延答复审图意见等，影响用户选择。

一、客户接入系统方案

1.供电电源情况

供电企业向客户提供___单电源___三相交流50赫兹电源

（1）第一路电源

电源性质：__主供电源__　　　　　　电源类型：__公线__

供电电压：__交流10kV__　　　　　　供电容量：__400__

供电电源接点：__110kV方埠变10kV精诚T208线__

产权分界点：__110kV方埠变10kV精诚T208线__，分界点电源侧产权属供电企业，分界点负荷侧产权属客户。

进出线路敷设方式路径及技术要求：建议___电缆管井，搭火点至用户产权红线2.5公里___。具体路径和敷设方式以设计勘察结果以及政府规划部门最终批复为准。

图 3-26　供电方案不合理

（5）限制客户只能在供电企业中标厂家中选择设备供应商；在供电方案、设计文件审核意见中指定或间接指定设备厂家。

（6）客户自购设备须经过供电企业批准方能接入电网；对自购设备的受电工程提出不合理的竣工检验意见。

● **业务规范**

（1）不得为受电工程直接指明、确定、认定或者限定品牌、厂家或者供应单位。

（2）对于用户自主选择设计、施工和设备材料供应单位的，供电企业在办电环节不得采用不同标准、设置障碍。

（3）不得通过拖延供电方案答复时间、提供不合理供电方案、供电方案信息不全等行为，干扰客户自主选择权。

（4）不得为受电工程直接指明、确定、认定或者限定品牌、厂家或者供应单位。

（5）对于用户自主选择设计、施工和设备材料供应单位的，供电企业在办电环节不得采用不同标准、设置障碍。

● **管控措施**

（1）加强对关键岗位人员培训，开展警示教育，举一反三。

（2）定期开展三指定专项检查，建立健全问题闭环整改机制。

（3）按照公司"三不指定"规范要求，切实规范主业经营行为，厘清主业、产业职责界面，严肃追究"三指定"行为。

3.4 合同及档案管理

3.4.1 合同未签订或签订不规范导致供用电关系失效（二级严重违章）

● **违章描述**

（1）未与用户签订供用电合同、购售电合同，或合同超过有效期未及时续签。如图 3-27 所示，合同签署页为空。

图 3-27 签署页为空

（2）合同关键条款内容有误，如产权分界点、电价、计量装置信息与实际不符；合同附件不完整；合同版本错误，如图 3-28 所示；合同签订有效期不符合规范要求，如图 3-29 所示；合同签订方不具备签署资格或未出具有效的授权委托书。

图 3-28　使用 2019 年模板签订 2022 年的合同

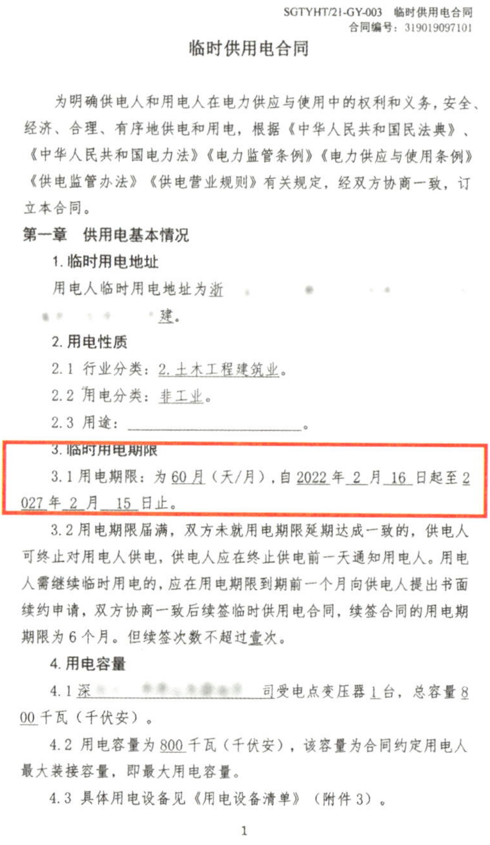

SGTYHT/21-GY-003 临时供用电合同
合同编号：319019097101

临时供用电合同

为明确供电人和用电人在电力供应与使用中的权利和义务，安全、经济、合理、有序地供电和用电，根据《中华人民共和国民法典》、《中华人民共和国电力法》《电力监管条例》《电力供应与使用条例》《供电监管办法》《供电营业规则》有关规定，经双方协商一致，订立本合同。

第一章 供用电基本情况

1. 临时用电地址

用电人临时用电地址为浙 _____ 建。

2. 用电性质

2.1 行业分类：2. 土木工程建筑业。

2.2 用电分类：非工业。

2.3 用途：_____。

3. 临时用电期限

3.1 用电期限：为 60 月（天/月），自 2022 年 2 月 16 日起至 2027 年 2 月 15 日止。

3.2 用电期限届满，双方未就用电期限延期达成一致的，供电人可终止对用电人供电，供电人应在终止供电前一天通知用电人。用电人需继续临时用电的，应在用电期限到期前一个月向供电人提出书面续约申请，双方协商一致后续签临时供用电合同，续签合同的用电期期限为 6 个月。但续签次数不超过壹次。

4. 用电容量

4.1 深 _____ 司受电点变压器 1 台，总容量 800 千瓦（千伏安）。

4.2 用电容量为 800 千瓦（千伏安），该容量为合同约定用电人最大装接容量，即最大用电容量。

4.3 具体用电设备见《用电设备清单》（附件 3）。

1

图 3-29 合同有效期临时用电为 60 个月

（3）重要事项发生变化未及时变更相应合同条款或重签合同。用户增容、减容、改类等导致供电电源、供电容量、供电回路数、计量方案、计费方式、计费参数等发生较大变更时，未及时变更相应合同条款或重签合同。

▶ **依据条款**

（1）《供用电营业规则》第九十二条、第九十三条。

（2）《国家电网公司业扩报装管理规则》（国家电网企管〔2019〕431号）第九十七条、第九十九条。

（3）浙江省电力公司《供用电合同管理标准》Q/GDW11-134—2012-20801 5.3、5.7、5.9。

● **业务规范**

（1）供电企业与用户应当在正式供电前，根据用户用电需求和供电企业的供电能力以及办理用电申请时双方已认可或协商一致的文件，签订供用电合同。

（2）供用电合同经双方协商同意的有关修改合同的文书，电报和图表也是合同的组成部分，保证合同的完整性。根据公司下发的统一供用电合同文本，与客户协商拟订合同内容，形成合同文本初稿及附件。

（3）供用电合同文本经双方审核批准后，由双方法定代表人、企业负责人或授权委托人签订，合同文本应加盖双方的"供用电合同专用章"或公章后生效。

● **管控措施**

（1）加强合同签约员培训，严把合同审核关，提高合同签订质量；规范使用国家电网公司统一的供用电合同参考文本。

（2）对逾期或发生变更的合同及时续签或重签，采用动态管理模式，对有效期到期的合同进行续签提醒，明确各类用电合同有效期，将其作为重点核查内容进行审核管控。

（3）明确客户供用电合同起草、审核、会审、签订的各级人员责任，并细化到具体人员，建立合同签署资质审查机制，合同审核环节设专人进行核查。严格按照客户供用电合同范本签订供用电合同，确保条款完整。

3.4.2　业扩报装档案资料不规范（二级严重违章）

● **违章描述**

（1）业扩报装流程（含小区居配流程）纸质档案资料不规范。多收取已取消的资料、少收必要资料，表单版本使用错误或表单内容填写错误，用户签名、时间等关键信息缺失，对现场查勘单进行涂改，如图 3-30 所示。

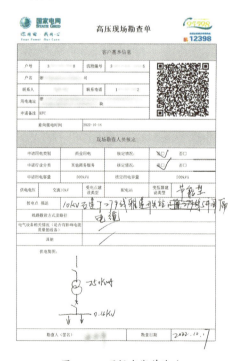

图 3-30　现场查勘单涂改

（2）业扩报装流程（含小区居配流程）未及时、规范上传电子档案。

> **▶ 依据条款**
>
> （1）《关于全面提升"获得电力"服务水平　持续优化用电营商环境的意见》（发改能源规〔2020〕1479号）第六条。
>
> （2）《国家电网公司业扩报装管理规则》（国家电网企管〔2019〕431号）第一百零七条。

● **业务规范**

（1）供电企业不得增设或者变相设置用电报装业务办理环节、前置条件，不得增加申请资料。

（2）档案资料应重点核实有关签章是否真实、齐全，资料填写是否完整、清晰。各类档案资料应满足归档资料要求。档案资料相关信息不完整、不规范、不一致的，应退还至相应业务环节补充完善。

● **管控措施**

明确业扩各环节档案填写要求，建立档案核查机制，设置专人进行核查，对不合格档案严格要求退回修改，保证归档档案的规范。

4

计量
采集

4.1　计量装接

4.1.1　电能表装拆告知、核对不到位（一般违章）

● **违章描述**

（1）电能表装拆前未通知用户，告知不到位，引发客户投诉或计量纠纷。如图4-1~图4-3所示。

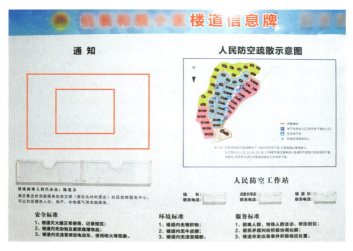

图4-1　小区公告栏内无告知单

（2）装拆前未对电能表、采集设备、互感器等资产编号进行确认，未核对电能表底度、时钟，导致串户或计量失准，如图4-4和图4-5所示。

（3）装拆电能表时未向客户确认新装电能表或拆除电能表的底度，导致客户对电能表电量不认可，如图4-6所示。

▶ **依据条款**

(1)《国家电网公司计量标准化作业指导书》装拆与运维分册 4.2、附录 C。

(2)《国网营销部关于开展计量装表串户及习惯性违规专项治理工作的通知》（营销计量〔2015〕10号）附件 1 第二点第 1、2、3 点。

(3)《国家电网公司计量标准化作业指导书》装拆与运维分册第 6 点表 8。

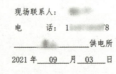

换 表 通 知 公 告

尊敬的 ▓▓▓▓ 小区用户：

您好！

您家的电能表已经到轮换年限，为了保障您家安全可靠用电，▓▓供电所计划于 2021 年 <u>09</u> 月 <u>08</u> 日至 2021 年 <u>09</u> 月 <u>09</u> 日对贵小区的部分住户进行电能表定期轮换工作，施工时间预计为当日的 8：00-16：00。届时区域内的住户会有短时间的停电现象，请做好相应准备工作。感谢您的支持，由此带来的不便，敬请谅解！

咨询请联系台区经理：1▓▓▓▓▓2 或青▓▓电服务热线：▓▓▓▓▓。

现场联系人：▓▓▓

电　　话：1▓▓▓▓▓8

_____ 供电所

2021 年 <u>09</u> 月 <u>03</u> 日

图 4-2　换表通知公告

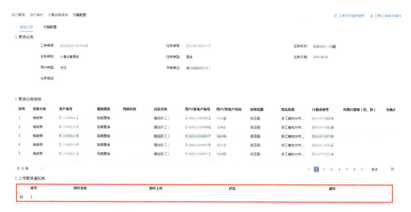

图 4-3　系统流程中未上传换表公告

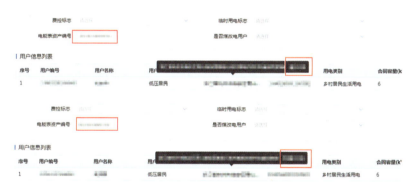

图 4-4　资产编号未进行确认

图 4-5　表箱铭牌未确认

国家电网
STATE GRID
你用电·我用心
Your Power Our Care

低压电能计量装接单

95598
能源监管投诉举报热线
12398

客户基本信息

户号	3‥‥‥‥9	申请类别	销户	流程编号	3‥‥‥‥7
户名	陈柏年				
用电地址	浙‥‥‥‥村				
联系人	陈‥	联系电话	1‥‥‥‥6	供电电压	交流220V
合同容量	6kVA	计量方式	低供低计	接线方式	单相

安装计量装置信息

装/拆	资产编号	设备分类	计度器类型	表库仓位码	位数	存度	自身倍率（变比）	电流	规格型号	计量点名称
拆除	0‥‥‥6	电能表	正向有功（总）		6.2	4.67.34	1	5(60)A	DDZY422-Z	陈‥‥001
拆除	0‥‥‥9	计量箱（屏、柜）								陈‥‥001

现场信息

接电点描述				
表箱条形码	表箱经纬度	表箱类型	表箱封印号	表计封印号
采集器条形码		安装位置		
流程摘要	备注	同意	表计、计量箱（柜）已加封，电能表存度本人已经确认。 客户签名： 　　　　　年　月　日
装接人员		装接日期		年　月　日

图 4-6　未向客户确认新装电能表或拆除电能表的底度

● **业务规范**

（1）严格按照《国电网公司计量标准化作业指导书》装拆与运维要求，在电能表装拆之前通过张贴告知单、电话、短信等方式通知客户，电能表轮换必须张贴换表告知单，并在营销业务系统中上传。

（2）严格执行一拆一装制度，在计量设备更换前根据装拆工作单认真核对户号和计量设备资产编号，核对电能表底度、时钟，严禁出现设备错位、采集异常。

（3）现场与用户确认旧表底度和新表起度，若用户不在场可以通过张贴示数告知单或短信、电话方式与用户确认，或请物管、社区（村委会）人员签字确认。

● **管控措施**

（1）属地单位定期抽查营销业务系统中换表告知单、计量装接单、新旧表底度照片等计量装接资料的规范性。

（2）结合专项稽查，开展电能表装接规范性、串户与否等的现场检查。

4.1.2　计量装置施封不规范（一般违章）

● **违章描述**

（1）故障处理、采集运维、装表接电、现场检验工作结束后，未按规范对计量装置进行施封，如图 4-7 所示。

图 4-7　计量箱未施封

（2）发现计量柜（箱）、试验接线盒、电能表、采集终端等封印缺失、损坏情况，未认真检查、妥善处置，导致未及时发现窃电情况，如图 4-8 和图 4-9 所示。

图 4-8　现场接线混乱存在窃电风险　　　图 4-9　封印缺失、损坏

▶ **依据条款**

（1）《国家电网公司计量标准化作业指导书》装拆与运维分册第 6 点表 8。

（2）《国家电网公司电能计量封印管理办法》第二十二条。

（3）DL/T 448—2016《电能计量装置技术管理规程》7.6.3（e）（2）。

● **业务规范**

（1）现场工作人员在电能计量装置和用电信息采集终端的新装、换装（含拆除）、现场校验、故障处理、编程、更换模块和读取数据等工作开始前，应检查原封印是否完好，若发现异常，应立即通知运行维护人员或用检人员现场处理。

（2）在现场工作结束后，现场工作人员应对电能计量装置和用电信息采集设备施封，检查保证封印状态完好，并在现场工作单上记录施或拆（启）封信息，记录的信息至少包括工作内容、施或拆（启）封编号、执行人、施或拆（启）封日期等。电能计量装置施封或拆（启）封时，用户应在场并在工作单上签字确认。

● **管控措施**

定期抽查营销业务系统，并结合现场检查和专项稽查，对计量装置封印的完好性进行核查，及时补封并做好后续处理。

4.1.3 计量装接错接线（一般违章）

● **违章描述**

计量用二次回路或电能表接线错误，导致现场实际电能计量不准或不符合标准装接规范，如图 4-10 和图 4-11 所示。

 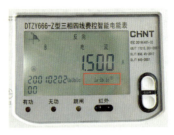

图 4-10 电能表接线错误（三相   图 4-11 电能表接线错误（三相
         三线电压逆相序）   四线 B 相电流反极性）

▶ **依据条款**

（1）《国家电网公司计量标准化作业指导书》装拆与
    运维分册 4.6 表 7。

（2）《国家电网公司电能计量故障、差错调查处理规
    定》第十一条。

● **业务规范**

（1）计量装接工作必须由两人及以上进行，工作班成员接线
完成后，应对电能表安装质量和接线进行检查，加强互查，确保
接线正确、工艺符合规范要求；检查试验接线盒内连接片位置，
确保正确。

（2）条件允许的情况下，装接完毕应立即通电检查。

（3）重大人为差错指因人为责任原因造成下列情况之一的：
①Ⅰ类电能计量装置电量损失每次 250 万 kWh 及以上；②Ⅱ类及
以下电能计量装置电量损失每次 30 万 kWh 及以上；③设备损坏直
接经济损失每次 10 万元及以上；④差错电量每次 1500 万 kWh 及

以上；⑤差错电量每次 1500 万 kWh 以下、500 万 kWh 及以上，自发现之时起，未在 72h 内恢复正常计量或在 20 个工作日内未在营销系统中完成电量更正。

（4）一般人为差错指因人为责任原因造成下列情况之一的：①Ⅰ类电能计量装置电量损失每次 250 万 kWh 以下；②Ⅱ类及以下电能计量装置电量损失每次 30 万 kWh 以下；③设备损坏直接经济损失每次 10 万元以下；④差错电量每次 1500 万 kWh 以下；⑤差错电量每次 500 万 kWh 以下，自发现之时起，未在 72h 内恢复正常计量或在 20 个工作日内未在营销系统中完成电量更正。

● 管控措施

（1）新投运或改造后的Ⅰ、Ⅱ、Ⅲ类电能计量装置，应在带负荷运行一个月内进行首次电能表现场检验。

（2）对反向电量异常、错接线异常、电压失压、电流断相等异常情况开展日常监控。

（3）每年定期开展计量装接错接线隐患的专项稽查。

（4）强化现场装接人员的业务培训，严格落实验收责任，降低计量装接错接线风险。

4.1.4 拆回电能表录入及存档错误（二级严重违章）

● 违章描述

（1）电能表更换、故障拆回未按规范进行底度拍照并存档，如图 4-12 所示。

图 4-12　未按规范进行底度拍照并存档

（2）拆回电能表在营销业务系统录入底度与实际底度不符，表显示数如图 4-13 所示，系统截图如图 4-14 所示。

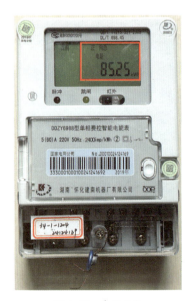

图 4-13　表显示数

图 4-14 营销业务系统截图

> ▶ **依据条款**
>
> （1）DL/T 448—2016《电能计量装置技术管理规程》
> 　　第 8.5 条（b）。
>
> （2）《国网营销部关于开展计量装表串户及习惯性违
> 　　规专项治理工作的通知》（营销计量〔2015〕10
> 　　号）附件 1 第二点第 3 点。
>
> （3）《国家电网公司计量资产全寿命周期管理办法》
> 　　第二十七条　资产拆回处置管理。

● **业务规范**

（1）更换电能表时应拍照，保存底度等信息，存档备查。

（2）电能表装拆业务管理部门负责检查拆回电能表封印，并抄
录表底（拍照），将表底电量示值录入营销业务系统中。底度录入

时仔细核对检查。

（3）营销业务系统流程表底录入环节有校验提示时，业务人员再次核对底度准确性，确保无误后发送下一环节。

● 管控措施

（1）在电费复核环节，对拆回电能表营销业务系统录入的底度数据进行重点复核。

（2）属地单位定期抽查拆回电能表底度录入情况。

4.2 检验检定

4.2.1 未按规范开展现场检验（一般违章）

● **违章描述**

（1）未按照规程要求完成周期检验、首次检验。如图 4-15 所示。

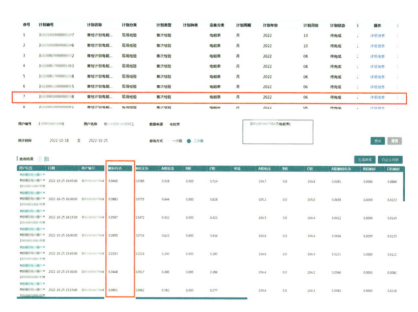

图 4-15 未按照规程要求完成周期检验、首次检验

（2）现场检验与用户沟通处置不当，引发客户投诉，投诉工单受理截图如图 4-16 所示。

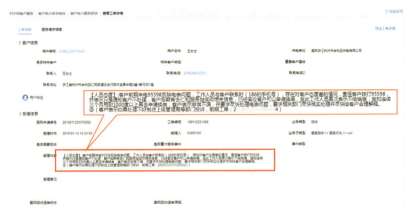

图 4-16　投诉工单受理截图

▶ **依据条款**

（1）DL/T 448—2016《电能计量装置技术管理规程》第 8.3 条。

（2）《国家电网公司计量标准化作业指导书》实验室检定与检测分册。

● **业务规范**

（1）严格按照规程要求开展现场检验，严格执行《国家电网计量标准化作业指导书》工作流程。

（2）用户认为供电企业装设的计费电能表不准时，有权向供电企业提出校验申请，供电企业应在五个工作日内检验，并将检验结果通知用户。

● **管控措施**

（1）属地单位定期对周期检验、首次检验完成情况进行核查。

（2）组织现场检验人员开展业务培训，提升工作人员技能水平。

4.2.2 电能表申请校验超期或未及时答复（二级严重违章）

● **违章描述**

电能表校验超时限、校验结果通知不及时，如图 4-17 和图 4-18 所示。

图 4-17　电能表校验超时限

> ▶ **依据条款**
>
> （1）《国家电网公司供电服务"十项承诺"》第七条。
> （2）《国网营销部关于进一步强化电能表装接防串户
> 　　和用户申校服务措施的通知》第二点的第 6 小点。

● **业务规范**

（1）受理用户计费电能表校验申请后，5 个工作日内出具检测结果，并答复用户。

（2）用户对检验结果有异议时，可向本地区市场监督管理局指定的法定计量检定机构申请检定。

● **管控措施**

（1）将电能表申请校验流程时限纳入常态化稽查管控。

（2）组织申请校验受理、检定、告知等业务全流程相关人员开展业务培训，提升工作人员技能水平。

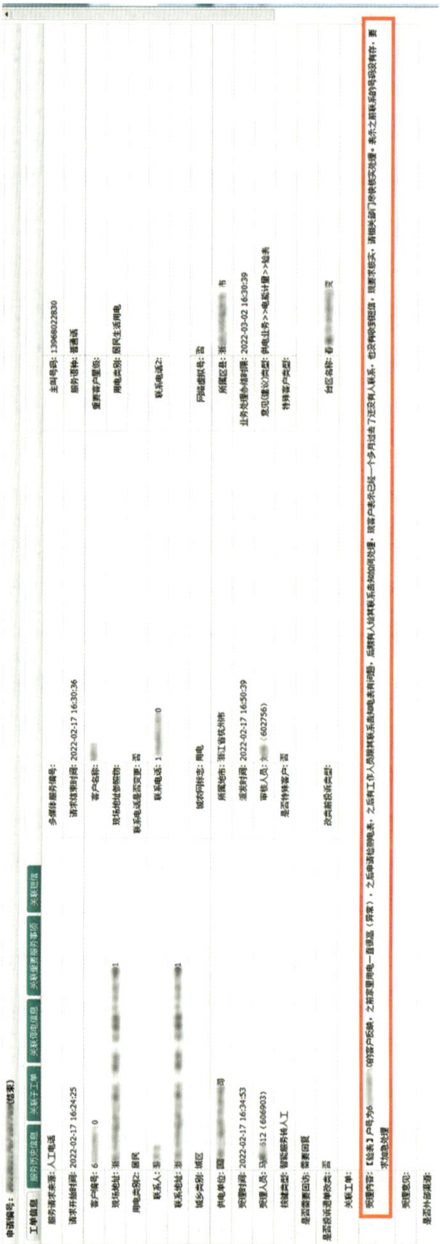

图 4-18 校验结果通知不及时

4.3　计量采集运维

4.3.1　采集异常处理不及时、重复发生同类异常（一般违章）

● **违章描述**

（1）采集异常处理不及时，终端与主站无通信、电能表持续无数据等异常未在规定时限内处理，尤其对接近抄表日的采集异常未及时处理，如图 4-19 所示。

（2）主站运维人员异常分析不准确、不到位，增加现场作业工作量，重复发生同类异常。

> ▶ **依据条款**
>
> 《国家电网公司用电信息采集系统运行维护管理办法》〔国网（营销 /4）278—2018〕第十五条、第十六条。

● **业务规范**

（1）每日监控采集成功率等运行指标，分析采集失败原因。加强采集异常处理的时限管控，及时处理并完成采集异常归档。

（2）跟踪分析用电信息采集系统数据质量情况，根据数据异常和各类告警信息，认真分析判断异常原因并及时开展消缺。

● **管控措施**

（1）将采集异常处理的时限和质量纳入计量精益化指标进行管控。

（2）定期收集分析各类采集异常的共性原因，落实针对性提升措施。

（3）对重复发生的同类采集异常实行提级管控。

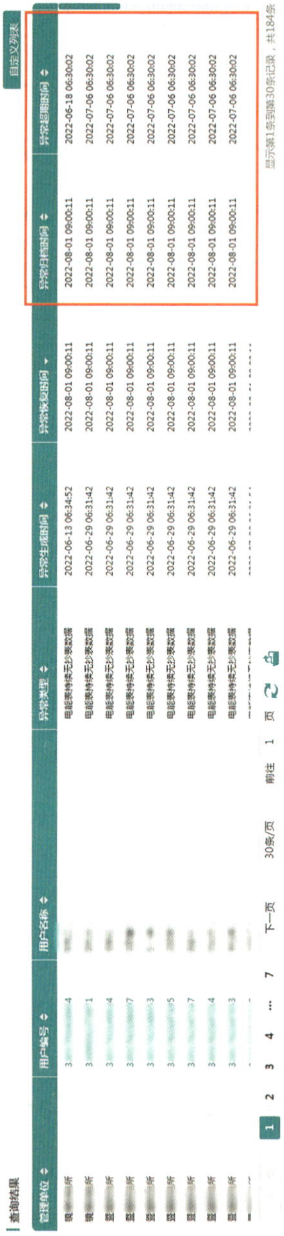

图 4-19 采集异常未及时处理

4.3.2 用电异常处理弄虚作假（二级严重违章）

● **违章描述**

用电异常处理弄虚作假，对系统内用电异常工单未开展异常原因分析并消缺，导致同一用户重复发生同类异常或异常影响扩大，如图 4-20 所示。

图 4-20　同类异常重复发生

▶ **依据条款**

（1）《用电信息采集系统计量异常处理一本通》。

（2）《国家电网公司用电信息采集系统运行维护管理办法》〔国网（营销 /4）278—2018〕第十六条。

（3）《国家电网公司电能计量故障、差错调查处理规定》第十条。

● **业务规范**

（1）参照《用电信息采集系统计量异常处理一本通》处理流程及方法，及时做好计量异常分析判断，加强计量异常处理时限管控。

（2）跟踪分析用电信息采集系统提示的各类异常数据和告警信息，认真分析判断异常原因。

（3）重大设备故障指由于电能计量设备质量原因造成下列情况之一的：①设备损坏直接经济损失每次 10 万元及以上；②电量损失每次 30 万 kWh 及以上；③差错电量每次 1500 万 kWh 及以上。

（4）一般设备故障指由于电能计量设备质量原因造成下列情况之一的：①设备损坏直接经济损失每次 10 万元以下；②电量损失每次 30 万 kWh 以下；③差错电量每次 1500 万 kWh 以下。

● 管控措施

（1）将用电异常处理的时限和质量纳入计量精益化指标进行管控。

（2）对重复发生的同类用电异常实行提级管控。

4.3.3 用电异常处理不规范（一般违章）

● 违章描述

（1）用电异常处理不及时，电压失压、反向电量、负荷超容等异常未在规定时限内处理，如图 4-21 所示。

（2）主站运维人员异常分析不准确不到位，增加现场作业工作量。

用电异常监测明细查测结果

管理单位	用户编号	用户名称	异常类型	异常发生时间	异常采集时间	异常超期时间	异常超期时间
	7		电能表飞走	2022-06-03 06:30:01	2022-06-04 05:00:04	2022-08-01 12:35:32	2022-06-24 06:30:01
	9		电能表停走	2022-06-10 22:30:01	2022-06-21 22:00:21	2022-08-01 12:35:32	2022-06-30 22:30:01
	9		电能表倒走	2022-06-23 22:00:02	2022-06-26 05:00:08	2022-08-01 12:35:32	2022-07-13 22:00:02
	0		电能表倒走	2022-06-27 06:30:02	2022-06-28 06:30:06	2022-08-01 12:35:32	2022-07-15 06:30:02
	5		电压异常	2022-06-28 03:50:01	2022-07-14 05:05:51	2022-08-01 12:35:32	2022-07-16 03:50:01
	7		电能表飞走	2022-07-03 03:50:01	2022-07-04 05:00:05	2022-08-01 12:35:32	2022-07-22 03:50:01
	0		电能表飞走	2022-07-03 06:30:02	2022-07-04 05:00:05	2022-08-01 12:35:32	2022-07-22 06:30:02
	6		电能表停走	2022-07-07 03:50:01	2022-07-08 05:00:05	2022-08-01 12:35:32	2022-07-27 03:50:01
	1		电能表停走	2022-07-07 03:50:01	2022-07-08 05:00:06	2022-08-01 12:35:32	2022-07-27 03:50:01
	4		自动维护缺陷	2022-07-09 22:00:03	2022-08-01 05:00:05	2022-08-01 12:35:32	2022-07-29 22:00:03
	1		自动维护缺陷	2022-07-09 22:00:03	2022-08-01 05:00:05	2022-08-01 12:35:32	2022-07-29 22:00:03
	7		自动维护缺陷	2022-07-09 22:00:03	2022-08-01 05:00:05	2022-08-01 12:35:32	2022-07-29 22:00:03

1　2　3　4　…　16　下一页　30条/页　跳往　1　页

显示第1条到第30条记录，共46条

图 4-21　未在规定时限内处理

▶ **依据条款**

（1）《用电信息采集系统计量异常处理一本通》。

（2）《国家电网公司用电信息采集系统运行维护管理办法》〔国网（营销 /4）278—2018〕第十六条。

（3）《国家电网公司电能计量故障、差错调查处理规定》第十条。

● **业务规范**

（1）参照《用电信息采集系统计量异常处理一本通》处理流程及方法，及时做好计量异常分析判断，加强计量异常处理时限管控。

（2）跟踪分析用电信息采集系统提示的各类异常数据和告警信息，认真分析判断异常原因。

（3）重大设备故障指由于电能计量设备质量原因造成下列情况之一的：①设备损坏直接经济损失每次 10 万元及以上；②电量损失每次 30 万 kWh 及以上；③差错电量每次 1500 万 kWh 及以上。

（4）一般设备故障指由于电能计量设备质量原因造成下列情况之一的：①设备损坏直接经济损失每次 10 万元以下；②电量损失每次 30 万 kWh 以下；③差错电量每次 1500 万 kWh 以下。

● **管控措施**

将用电异常处理的时限和质量纳入计量精益化指标进行管控。

4.3.4 时钟异常处理不及时（一般违章）

● **违章描述**

时钟异常处理不及时，未在规定时限内完成远程对时、现场对时及换表处理，如图 4-22 和图 4-23 所示。

图 4-22 未在规定时限内完成远程对时、现场对时及换表处理

图 4-23 时钟异常

▶ **依据条款**

《用电信息采集系统采集异常处理一本通》。

● **业务规范**

（1）时钟异常的主站处理。通过主站时钟异常工单远程诊断功能，确定时钟异常是否正确。远程诊断结果主站与电能表、终端时钟不一致，需远程对时。远程修复失败的，应进行现场处理。

（2）时钟异常的现场处理。工作人员应使用移动作业终端开展现场对时，若现场对时不成功，需更换电能表或采集终端。

● **管控措施**

将时钟异常处理的时限和质量纳入计量精益化指标进行管控。

4.3.5　用电异常、计量故障应退补未退补（一般违章）

● **违章描述**

用电异常、计量装置故障处理后未及时完成电量电费退补，如图 4-24 所示。

图 4-24　用电异常、计量装置故障处理后未及时完成电量电费退补

> ▶ **依据条款**
>
> 《供电营业规则》第八十条、第八十一条。

- **业务规范**

（1）计费计量的互感器、电能表的误差及其连接线电压降超出允许范围或其他非人为原因致使计量记录不准时，其电量电费退补按《供电营业规则》第八十条规定执行。

（2）用电计量装置接线错误、保险熔断、倍率不符等原因，使电能计量或计算出现差错时，其电量电费退补按《供电营业规则》第八十一条规定执行。

- **管控措施**

（1）将异常及设备故障应退补未退补超两个月及以上的用户纳入常态化稽查管控。

（2）对于应退补未退补时限超三个月的实行提级管控。

4.3.6 考核标签管理不规范（一般违章）

- **违章描述**

（1）考核标签申请不规范，现场实际不符或申请依据不充分，如图 4-25 所示。

（2）考核标签审批把关不严，未满足条件的予以审批通过，如图 4-26 所示。

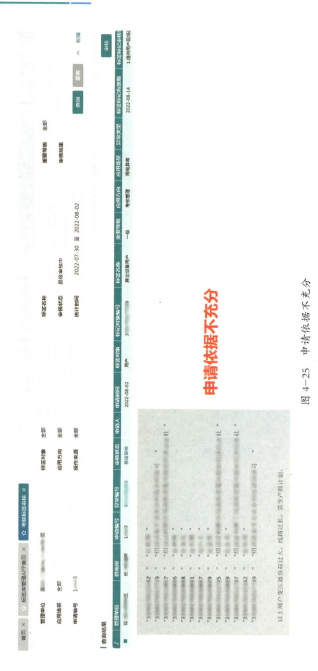

图4-25　申请依据不充分

图 4-26 未满足条件的予以审批通过

> ▶ **依据条款**
>
> （1）《国网营销部关于印发用电信息采集故障现象甄别和处置手册的通知》营销计量〔2015〕33号。
>
> （2）《电能表故障现象甄别与处置手册》。
>
> （3）《用电信息采集系统采集异常处理一本通》。
>
> （4）《用电信息采集系统计量异常处理一本通》。

● **业务规范**

（1）依照《电能表故障现象甄别与处置手册》《用电信息采集系统计量异常处理一本通》和《用电信息采集系统采集异常处理一本通》相关规定，对于无法处理或用户原因拒绝处理的，提供现场照片、用户证明等支撑材料后，允许申请考核标签。

（2）严格执行异常考核标签的申请规范要求，把牢审批质量。

● **管控措施**

定期开展考核标签审批工作质量的检查。

4.3.7　现场巡视工作不到位（一般违章）

● **违章描述**

（1）未按计划开展设备主人制巡视，未按要求开展周期巡视、临时巡视及特别巡视，如图4-27所示。

（2）现场巡视工作不到位，未按要求进行拍照、缺陷定级不准确、消缺未及时跟踪闭环。如图4-28~图4-30所示。

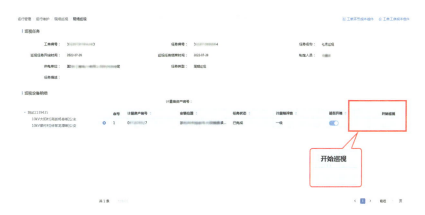

图 4-27　未按计划开展设备主人制巡视

图 4-28　缺陷未上传照片的系统截图

图 4-29　现场表箱破损严重

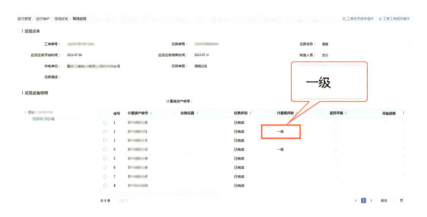

图 4-30 定级错误的系统截图

> ▶ **依据条款**
>
> 《国家电网有限公司低压用户电能计量装置设备主人制管理办法》第五章、第六章。

● **业务规范**

（1）结合周期核抄开展周期巡视，周期巡视至少应每年开展一次；设备主人或其他工作人员在装表接电、采集运维、现场检验、用电检查等工作过程或日常路途中，应同步开展临时巡视；对同一台区多次发生投诉、错接线等情况或重大灾害前后开展特别巡视，作为周期巡视、临时巡视的补充。

（2）现场巡视应对计量装置进行拍照，存在缺陷的，照片必须能清晰反映缺陷情况，并做好缺陷的记录；各单位应安排人员对营销业务系统内记录的缺陷信息和照片进行复核，确保完整记录、准确反映。

（3）依据 Q/GDW 745—2012《配电网设备缺陷分类标准》规定，营销业务系统根据确认的缺陷情况，自动完成缺陷定级。

（4）对于计量装置的缺陷，危急缺陷应确保当年整改完毕，严重、一般缺陷可根据各单位承载能力据实安排。

（5）缺陷处理人员应在整改完成后，现场拍摄照片并上传。缺陷整改后，设备主人应通过核对营销业务系统内相关信息、照片等方式参与验收，若有必要可到现场验收。

- **管控措施**

（1）动态管控现场巡视计划完成率，定期抽查巡视档案资料及工作质量。将巡视计划完成率和巡视质量纳入计量精益化指标进行管控。

（2）每月通报系统录入缺陷的消缺情况，逾期未整改的缺陷，按照《国家电网公司安全隐患排查治理管理办法》（国网（安监/3）481—2014）要求，纳入安全事件隐患管理。

4.4 资产管理

4.4.1 未定期开展表库盘点（一般违章）

● **违章描述**

（1）未按规定开展表库设备维保，未定期（至少每月一次）对仓库各种设备状态进行检查。如图 4-31 所示。

图 4-31 未按规定开展表库设备维保

（2）仓库库区规划不合理，储物空间未分区编号，库房环境监测不达标。如图 4-32~图 4-34 所示。

图 4-32 表库未分区

图 4-33 表库道路不通畅（库房混乱）

图 4-34　无温、湿度仪器

（3）未按规定对计量资产进行盘点，账、卡、物存在不一致情况，如图 4-35 所示。

图 4-35　账、卡、物不一致

▶ **依据条款**

（1）《国家电网公司计量资产全寿命周期管理办法》
　　第五十条　库房管理要求。

（2）《国家电网公司计量资产全寿命周期管理办法》
　　第五十三条　库存预警值的设定与盘点要求。

● **业务规范**

（1）严格按照《国家电网公司计量资产全寿命周期管理办法》

要求，落实专人负责管理，定期开展设备状态检查，确保设备保持良好的使用状态。

（2）仓库库区应规划合理，储物空间分区编号，标识醒目，通道顺畅，便于盘点和领取，并对库房环境进行监测。

（3）对计量资产库房进行定期盘点，确保信息系统内资产信息与实物相同。如属物资调配错误的，由各级库房管理人员重新对物资进行库房调配。属于资产丢失的，按照资产丢失流程处理。

- ● **管控措施**

将表库盘点开展情况、计量资产账实相符率纳入计量精益化指标进行管控。

4.4.2　表箱、互感器系统与实际不一致（一般违章）

- ● **违章描述**

（1）表箱、互感器现场已安装，但是营销业务系统流程未同步完成。营销业务系统流程截图和资产编码截图如图4-36和图4-37所示。

图4-36　营销业务系统流程截图

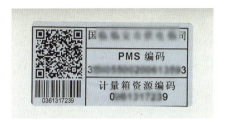

图 4-37 资产编码截图

（2）现场表箱、互感器编码与系统运行资产编号不一致。系统截图和现场计量箱编码如图 4-38 和图 4-39 所示。

图 4-38 系统截图

图 4-39 现场计量箱编码

135

> ▶ **依据条款**
>
> DL/T 448—2016《电能计量装置技术管理规程》第7.4.2 条资产信息。

● **业务规范**

（1）加强表箱、互感器资产管理，严格履行领用手续。属于资产丢失的，按照丢失流程处理。

（2）现场安装完成后及时完成营销业务系统流程归档，确保系统资产信息与现场实物一致。

● **管控措施**

（1）结合计量设备主人巡视工作，对系统与现场不一致问题及时进行更正，确保计量资产编码及营销业务系统信息的一致性。

（2）定期抽查计量资产与系统资产状态的一致性。

4.4.3　未安装计量设备进行报废处置（一级严重违章）

● **违章描述**

（1）计量设备、移动作业终端资产丢失做报废处置，如图 4-40所示。

（2）计量设备、移动作业终端资产合格在库做报废处置，如图4-41 所示。

（3）应利旧计量设备资产做报废处置，如图 4-42 所示。

图 4-40 计量设备、移动作业终端资产丢失做报废处置

图 4-41 计量设备、移动作业终端资产合格在库做报废处置

> **▶ 依据条款**
>
> 《国家电网公司计量资产全寿命周期管理办法》第
> 二十七条、第二十八条、第二十九条。

137

图 4-42 应利旧计量设备资产做报废处置

- **业务规范**

（1）对申请报废的电能表，开展现场或抽样技术鉴定，鉴定通过的出具鉴定报告，明确不可利旧原因及报废处置方式，并确保处置后营销业务系统、ERP 系统账、卡、物信息一致。

（2）非设备质量原因（工作质量、外部因素、自然灾害）造成表计故障、表龄超过 6 年、供应商已倒闭、淘汰类型或品规、返修后再次拆回的表计且表龄超过 4 年，满足以上任意一项的拆回智能电能表分拣后可以进行报废处置。

- **管控措施**

将计量设备的报废处理规范纳入计量精益化指标进行管控。

4.4.4 异常 SIM 卡未及时处置（一般违章）

- **违章描述**

（1）SIM 卡号与 IP 地址不对应，造成 SIM 卡管理混乱，如图 4-43 所示。

（2）SIM 卡连续三个月零流量，未及时注销。

图 4-43　SIM 卡号与 IP 地址不对应

（3）未及时处置 SIM 卡超流量异常情况，如图 4-44 所示。

（4）系统已报废 SIM 卡未及时提交运营商注销并跟踪闭环，如图 4-45 所示。

> **▶ 依据条款**
>
> 《国网浙江省电力公司关于印发营销专业 SIM 卡业务管理规范的通知》（浙电营〔2016〕868 号）第四章、第六章。

图 4-44　SIM 卡超流量异常情况

图 4-45 系统已报废 SIM 卡未及时提交运营商注销并跟踪闭环

● **业务规范**

（1）规范运行终端 SIM 卡的更换操作业务。运维人员在现场更换运行终端 SIM 卡后，应于 1 个工作日内在营销业务系统完成 SIM 卡绑定变更。

（2）执行规范的费用报销流程。市、县公司信通部门收到营销部门审核确认的 SIM 卡通信资费清单后，将异常卡信息返回当地公网运营商，复核无误后发起报销流程。

● **管控措施**

（1）利用用电信息采集系统终端采集报文上报 IP、营销 IP 清单和运行终端物联卡流量统计等手段，开展 SIM 卡常态化监控。

（2）按月对 SIM 卡运行情况、SIM 卡流量情况、SIM 卡闲置情况、SIM 卡账物一致性等进行指标分析、评价和通报。

（3）做好 SIM 卡使用情况监控，将连续三个月零流量、超流量等纳入计量精益化指标进行管控。

（4）每年定期开展 SIM 卡管理规范性的专项稽查。

5

营销
安全

5.1 通用部分

5.1.1 作业人员业务知识和技能要求不达标（一般违章）

● **违章描述**

（1）作业人员未具备相应的电气知识和业务技能。

（2）未取得现场作业相对应的作业资格。

（3）作业人员身体状况、心理素质、精神状况不佳，妨碍工作。

▶ **依据条款**

《国家电网有限公司营销现场作业安全工作规程（试行）》4.6、4.6.2、4.6.3、5.1.3、5.1.6、6.3.13.2。

● **业务规范**

（1）作业人员应接受相应的安全生产知识教育和岗位技能培训，掌握营销现场作业必备的电气知识和业务技能，并按工作性质，熟悉营销现场作业安全工作规程的相关部分，经考试合格后上岗。

（2）作业人员应每年参加一次营销现场作业安全工作规程的考试。因故间断电气工作连续三个月及以上者，应重新学习并经考试合格后，方可恢复工作。

（3）工作负责人应关注工作班成员身体状况和精神状态是否出现异常迹象、人员变动是否合适。

● **管控措施**

（1）结合"四不两直"（不发通知、不打招呼、不听汇报、不用陪同接待，直奔基层、直插现场）安全稽查、到岗到位、飞行检查等，现场检查作业人员安全准入资质证等，将其纳入反违章工作管理。

（2）建立施工单位负面清单和黑名单制度，强化作业人员、外包队伍管理，严把施工队伍、人员准入关。

（3）严格落实"四个管住"（管住计划、管住队伍、管住人员、管住现场）工作要求。

5.1.2 作业现场安全工器具使用不合规（一般违章）

● **违章描述**

（1）作业所需各类施工和安全工器具准备不充分。

（2）使用未经检验合格或超过检测周期的施工机械、安全工器具进行作业（操作），如图5-1和图5-2所示。

图5-1　10kV接地线超试验周期　　图5-2　10kV手套超试验周期

（3）未按要求使用绝缘梯，在梯子上作业，无人扶梯子或梯子架设在不稳定的支持物上，或梯子无防滑措施，如图5-3和图5-4所示。

（4）高空抛物，未正确使用工具袋及绳索传递。

图 5-3　登梯作业时无人扶持　　图 5-4　无人扶梯且绝缘梯与地
　　　　　　　　　　　　　　　　　　　面呈 75°（不符合 60° 的
　　　　　　　　　　　　　　　　　　　安全放置要求）

▶　**依据条款**

《国家电网有限公司营销现场作业安全工作规程（试行）》19.1.2、20.1.5、20.3.1。

●　**业务规范**

（1）现场使用的机具、安全工器具应经检验合格；建立机具和安全工器具台账，并定期试验，检验合格后方可使用。

（2）营销现场近电作业不得使用金属梯，运行的变电站内作业应使用绝缘梯，其他各类营销现场作业宜使用绝缘梯。梯子应坚固完整，有防滑措施，并定期送检。梯子的支柱应能承受攀登时作业人员及所携带的工具、材料的总重量。

（3）高处作业应使用工具袋。上下传递材料、工器具应使用绳索，禁止上下投掷；邻近带电线路、设备作业的，应使用绝缘绳索传递。较大的工具应用绳拴在牢固的构件上，工件、边角余料应放置在牢靠的地方或用铁丝扣牢，并有防止坠落的措施，不准随便乱放，以防止从高空坠落发生事故。

● **管控措施**

（1）结合"四不两直"安全稽查、到岗到位、飞行检查等，检查作业现场、仓库等安全工器具是否合格、齐备，是否规范使用，将上述内容纳入反违章工作管理。

（2）强化安全工器具规范化管理，建立本单位安全工器具管理台账，明确相应责任人员工作职责。

5.1.3 作业现场劳动防护措施不到位（一般违章）

● **违章描述**

（1）进入作业现场未正确佩戴安全帽、全棉长袖工作服、绝缘鞋，如图 5-5 和图 5-6 所示。

图 5-5 未正确佩戴安全帽 　　图 5-6 未正确穿戴全棉工作服、
　　　　　　　　　　　　　　　　　　工作鞋

（2）作业现场照明不足。未配备头灯、手电等照明器具。

（3）现场未按规定做好相应人身安全防护措施，例如未设置安全围栏如图 5-7 所示。

（4）作业行为不当导致发生坠落、坠物、摔伤等伤害，如图 5-8 所示。

图 5-7　现场未按规定做好相应人身安全防护措施

图 5-8　违规触碰带电设备

▶ **依据条款**

《国家电网有限公司营销现场作业安全工作规程（试行）》5.1.5、5.2.1。

● **业务规范**

（1）作业现场的生产条件和安全设施等应符合有关标准、规范的要求，作业人员的劳动防护用品应合格、齐备。

（2）进入作业现场应正确佩戴安全帽（实验室计量工作除外），现场作业人员还应穿全棉长袖工作服、绝缘鞋，正确使用劳动防护用品。

● **管控措施**

（1）结合"四不两直"安全稽查、到岗到位、飞行检查等，检查作业现场、仓库等劳动防护用品是否合格、齐备，是否规范使用，将上述内容纳入反违章工作管理。

（2）强化现场工作负责人、专职监护人的安全培训。

5.1.4　作业人员现场作业行为不规范（一般违章）

● **违章描述**

（1）作业现场接触金属柜（箱）体前未进行验电，如图5-9所示。

图5-9　作业人员接触金属柜（箱）体前未进行验电

（2）擅自操作客户设备，客户侧现场作业时，无熟悉设备情况的客户人员陪同监护。如图 5-10 所示。

（3）在客户侧低压配电设备上的停电作业时，无法装设接地线时，也未采取其他安全措施，如图 5-11 所示。

图 5-10　擅自操作客户设备　　图 5-11　停电设备处未做任何安全措施（如遮蔽等安全措施）

（4）作业现场未按要求设置围栏，作业人员擅自穿、跨越安全围栏或超越安全警戒线，误入带电间隔或误操作设备，如图 5-12 所示。

图 5-12　作业现场未按要求设置围栏

（5）防止倒送电措施不到位。在现场装接互感器、电能表、终端等工作时，未断开线路上的所有电源隔离点，存在向作业地点倒送电的风险。

（6）用户现场不经同意随意走动，不遵守厂区秩序。

▶ **依据条款**

《国家电网有限公司营销现场作业安全工作规程（试行）》5.2.8、5.2.7、6.4.7、10.1.2、11.1、11.3.3、14.2.2。

● **业务规范**

（1）工作前要使用验电笔对金属柜（箱）体外壳及金属裸露部分进行验电，并确认柜（箱）体已可靠接地。

（2）低压电气工作前，应用测试良好的低压验电器或测电笔检验检修设备、金属外壳和相邻设备是否有电，任何未经验电的设备均视为带电设备。

（3）应熟悉用户侧电气设备情况、用户生产工艺和负荷特性，禁止擅自操作客户设备。客户侧现场作业时，应有熟悉设备情况的客户人员全程陪同。

（4）在客户侧低压配电设备上的停电作业，无法装设接地线时，应采取绝缘遮蔽或其他可靠隔离措施。

（5）多电源和有自备电源的客户线路的高压系统接入点，应有明显断开点。

（6）在客户设备上工作，许可工作前，工作负责人应检查确认客户设备的当前运行状态、安全措施符合作业的安全要求。作业前检查多电源和有自备电源的客户已采取机械或电气联锁等防反送电的强制性技术措施。

- **管控措施**

（1）严格落实现场作业规范要求，结合"四不两直"安全稽查、到岗到位、飞行检查等，检查作业现场行为是否规范，纳入反违章工作管理。

（2）强化客户侧用电安全管理，包括客户侧电气人员配置、规章制度、上岗资质等，有条件的可定期组织客户侧电工培训。

（3）强化作业人员作业规范宣贯，提高"四不伤害"（不伤害自己、不伤害他人、不被他人伤害、保护他人不受伤害）安全意识。

5.1.5 未按要求规范进行安全交底或交底不明确（二级严重违章）

- **违章描述**

（1）作业前未交底。作业前未组织所有人员进行工作交底（"三交三查"）。

（2）交底不清晰。现场作业未按要求清楚交代工作任务、危险点、危险点控制措施，即开展作业。

▶ **依据条款**

《国家电网有限公司营销现场作业安全工作规程（试行）》5.1.4、6.3.13.2。

- **业务规范**

（1）作业人员应被告知其作业现场和工作岗位存在的危险因素、防范措施及事故紧急处理措施。作业前，设备运维管理单位应告知现场电气设备接线情况、危险点和安全注意事项。

（2）工作前，现场工作负责人对工作班成员进行工作任务、安全措施交底和危险点告知，并确认每个工作班成员均已签名。

- **管控措施**

严格执行工作票、站班会制度，结合"四不两直"安全稽查、到岗到位、飞行检查等，通过现场考问"三交三查"（交任务、交安全、交措施，查工作着装、查精神状态，查个人安全用具）情况、进行资料检查等管控安全交底工作规范性。

5.1.6　未按要求填写、使用规范的工作票、卡（一级严重违章）

- **违章描述**

（1）无计划开展现场作业。

（2）作业现场工作无票作业。

▶ **依据条款**

《国家电网有限公司营销现场作业安全工作规程（试行）》4.6.1、6.3、11、1、1，附录Ⅰ。

● **业务规范**

（1）严肃作业计划管控，健全计划管理组织体系和工作机制，严格执行作业风险公示要求，按照"无计划、不作业"和"全覆盖、无死角"原则，在承载力范围内制定作业计划，将全部作业内容纳入计划管理。

（2）现场作业必须严格执行安全组织和技术措施，严格工作计划刚性管理，严禁不具备资质人员从事相关工作，禁止擅自操作客户设备。

● **管控措施**

（1）结合"四不两直"安全稽查、到岗到位、飞行检查等，检查工作票执行是否规范，并纳入反违章工作管理。

（2）开展日常安全培训教育，提高作业人员安全意识，定期开展工作票管理专项检查和培训。

5.1.7 营销现场作业不规范（一般违章）

● **违章描述**

（1）未按规定使用正确的工作票（作业卡）。如图 5-13 和图 5-14 所示。

（2）工作票（作业卡）的作业范围、工作内容、安全措施、现

▶ **依据条款**

《国家电网有限公司营销现场作业安全工作规程（试行）》4.6.1、6.3、11、1、1，附录Ⅰ。

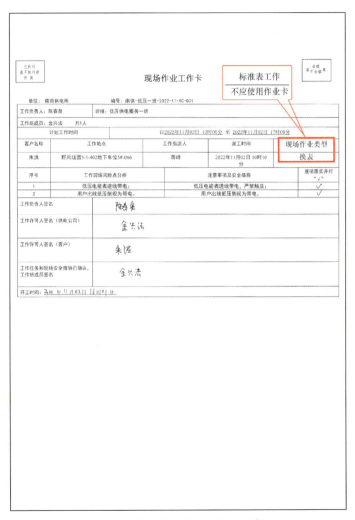

图 5-13 未按规定使用正确的工作卡

已执行 盖不执行章 作 废	低压工作票	盖 合格 不合格章

单位:<u>南苑供电所</u>　　编号:<u>南供-低压一班-2022-11-PDY-008</u>

1. 工作负责人:<u>高国庆</u>　班组:<u>低压供电服务一班</u>

2. 工作班成员(不包括工作负责人):<u>王行川</u>

共 <u>1</u> 人

3. 工作的线路名称或设备双重名称(多回路应注明双重称号及方位)、工作任务:

<u>业扩安装(充电桩新装增容,居民新装增容,非居民新装增容,校表,移表):南苑辖</u>

<u>区 : (3322103110081385/3309933468326 ; 3322110110113133/3309933483127 ;</u>

<u>3322110110126344/3309933483462;3322110110190271/3309933489109)</u>

4. 计划工作时间:

自 <u>2022</u> 年 <u>11</u> 月 <u>02</u> 日 <u>08</u> 时 <u>00</u> 分至 <u>2022</u> 年 <u>11</u> 月 <u>02</u> 日 <u>17</u> 时 <u>00</u> 分

5. 安全措施(必要时可附页绘图说明):

5.1 工作的条件和应采取的安全措施(停电、接地、隔离和装设的安全遮栏、围栏、标示牌等):

"(1)拉开用户出线开关并检查;

(2)在工作地点放置"在此工作"标示牌。"

(3) <del>在低压电能表出线侧装设接地线。</del>

5.2 保留的带电部位:

"(1)低压电能表进线带电,严禁触及;　(2)用户出线低压侧视为带电。"

5.3 其他安全措施和注意事项:

"(1)作业前检查金属表箱箱体外壳接地良好,并用验电笔确认箱体其确无电压后,方可触接;　(2)作业人员站在干燥的绝缘物上、戴护目镜、使用绝缘手套操作;　(3)防止误碰带电设备;　(4)高处作业使用梯子需有人扶持;　(5)禁止人体或金属物体同时接触两根线头或其他相互绝缘且可能带电的金属部位;　(6)禁止带负荷断、接导

图 5-14　工作票上有涂改

场风险点等填写不完整、不规范。

● **业务规范**

（1）严格履行工作票制度，正确选用工作票（卡）种类，正确填写、签发和使用工作票（卡）。

（2）工作签发人应加强工作票（卡）的审核。

● **管控措施**

（1）结合"四不两直"安全稽查、到岗到位、飞行检查等，检查工作票执行是否规范，并纳入反违章工作管理。

（2）开展日常安全培训教育，提高作业人员安全意识，定期开展工作票管理专项检查和培训。

5.2 计量现场作业

5.2.1 电流互感器二次回路开路（二级严重违章）

● 违章描述

互感器现场装接或检验接线时，电流互感器二次开路，产生高电压危及人身与设备安全。如图 5-15 所示。

图 5-15　电流互感器二次开路

> ▶ **依据条款**
>
> 关于印发《国家电网有限公司营销现场作业安全工作规程（试行）》的通知（国家电网营销〔2020〕480 号）第12.3.4 条。

● 业务规范

在带电的电流互感器二次回路上工作，应采取措施防止电流互感器二次侧开路。短路电流互感器二次绕组，应使用短路片或短路线，禁止用导线缠绕。高低压电能表接线回路采用标准统一的联合接线盒；不得将回路的永久接地点断开；严禁在电流互感器与短路端子之间的回路和导线上进行任何工作；工作时必须有专人监护，使用绝缘工具，并站在绝缘垫上。

● **管控措施**

加强对于这类违章事故的学习，举一反三，同时做好安全稽查，确保此类违章不予发生。

5.2.2　电压互感器二次回路短路或接地（二级严重违章）

● **违章描述**

互感器现场装接或检验接线时，发生电压互感器二次侧短路或接地，导致作业人员触电和运行设备损坏。如图 5-16 所示。

图 5-16　电压互感器二次侧短路

▶　**依据条款**

关于印发《国家电网有限公司营销现场作业安全工作规程（试行）》的通知（国家电网营销〔2020〕480 号）第 12.3.5 条。

● **业务规范**

（1）在带电的电压互感器二次回路上工作，应采取措施防止电压互感器二次侧短路或接地。

（2）严格执行监护制度，确保接线正确、规范。

● **管控措施**

加强对于这类违章事故的学习，举一反三，同时做好安全稽查，确保此类违章不予发生。

5.2.3　现场检验安全措施不完备（二级严重违章）

● **违章描述**

（1）联接试验线前，未确认仪器外壳可靠接地，未确认测量回路与线路可靠联接，如图 5-17 所示。

图 5-17　未可靠接地

（2）试验人员未站在绝缘垫上，如图 5-18 所示。

（3）接触接线前未充分放电，如图 5-19 所示。

▶ **依据条款**

《国家电网有限公司关于规范营销现场作业安全管理的指导意见》附件第 22 项。

图 5-18 试验人员未站在绝缘
垫上

图 5-19 接触接线前未充分放电

- **业务规范**

（1）被检装置外壳可靠接地，防止走错工作位置或误碰带电部位。

（2）检测设备金属外壳应可靠接地，检测接线应连接牢固，防止电流互感器二次侧开路，防止电压互感器二次侧短路。

（3）检验人员应站在绝缘垫上工作。

（4）解除接线前应充分放电。

- **管控措施**

加强对于这类违章事故的学习，举一反三，同时做好安全稽查，确保此类违章不予发生。

5.2.4 室内检定设备操作不当（一般违章）

- **违章描述**

检定工作时因量程设置不正确、设备操作不当等造成设备损坏和安全风险，如图 5-20 和图 5-21 所示。

图 5-20 工作人员设置的电压量程

图 5-21 被检表铭牌上的电压值

▶ **依据条款**

关于印发《国家电网有限公司营销现场作业安全工作规程（试行）》的通知（国家电网营销〔2020〕480 号）第 12.5.1 条款。

● **业务规范**

（1）实验室内计量工作时，接线前应选择合适的量程并正确使用，检查设备是否已切断电流、电压，确定装置不处于工作状态。

（2）禁止带负荷切换量程。

● **管控措施**

加强作业过程中的监护、检查，通电前仔细核对。

5.2.5 不停电换表作业不规范（二级严重违章）

● **违章描述**

（1）不停电换表时，未采取绝缘包裹等有效隔离措施（如图 5-22 所示），误碰运行设备。电源侧不停电更换电能表时，直接接入的电能表未断开出线负荷。

图 5-22　未采取绝缘包裹

（2）不停电换表时未断开电压互感器二次回路。

（3）不停电换表时未短接电流互感器二次回路，如图 5-23 所示。

图 5-23　未短接电流互感器二次回路

▶ **依据条款**

　　关于印发《国家电网有限公司营销现场作业安全工作规程（试行）》的通知（国家电网营销〔2020〕480 号）第12.2.1、12.2.2、12.2.3、12.3.4、12.3.5 条款。

● **业务规范**

　　（1）不停电换表时，应做好绝缘包裹等有效隔离措施，防止误碰运行设备、误分闸。

　　（2）电源侧不停电更换电能表时，直接接入的电能表应将出线负荷断开，应有防止相间短路、相对地短路、电弧灼伤的措施。

　　（3）经互感器接入电能表进行不停电更换时，应将电流互感器二次回路短接、电压互感器二次回路电压连接片打开。

● **管控措施**

　　加强对于这类违章事故的学习，举一反三，同时做好安全稽查，确保此类违章不予发生。

5.3 用检现场作业

5.3.1 用户侧违规送电（一般违章）

● **违章描述**

对未经检验或检验不合格的客户受电设备接（送）电。

▶ **依据条款**

《国家电网有限公司营销现场作业安全工作规程（试行）》13.5.1。

● **业务规范**

（1）严格履行客户设备送电程序，严禁新设备擅自投运或带电。

（2）发现违规擅自送电的客户受电设备，应采取确保安全的相应措施。

● **管控措施**

（1）建立新设备投运入网的管控机制。

（2）定期抽查新设备投运入网的验收质量。

5.3.2 用户侧现场改类、反窃查违等工作时安全措施未到位（一般违章）

● **违章描述**

（1）用户侧现场销户，未完全断开与电网的电气连接。如图5-24 所示。

图 5-24　未完全断开与电网的电气连接

（2）现场反窃查违时，未正确评估客户现场的安全动态。

（3）客户侧暂停、临时减容等改类工作时，未按规定保持一定安全距离，如图 5-25 所示。

图 5-25　现场检查时未保持一定安全距离

（4）接入电网的分布式电源，并网点未安装易操作、可闭锁、具有明显断开点、可开断故障电流的开断设备。

▶ **依据条款**

（1）《国家电网公司变更用电及低压居民新装（增容）业务工作规范》第一百二十条。

（2）《国家电网有限公司反窃电管理办法》[国网（营销／3）987-2019]第三十三条、第三十四条。

（3）《国家电网有限公司营销现场作业安全工作规程（试行）》14.1.3、15.3.1。

● **业务规范**

（1）提前协调客户涉网设备与电网电气连接的拆除工作，做好现场生产、计量等专业工作人员的相互协调配合工作。

（2）现场勘查具备销户条件的，用电检查人员应对用户进线开关作封停处理，并通过系统协同或工作联系单等方式，通知协同部门人员办理分界点设备停电工作。

（3）现场检查前，反窃电检查人员应严格按照现场作业安全规范要求，做好必要的人身防护和安全措施，携带摄影摄像仪器或现场记录仪、万用表、钳形电流表、证物袋等工具设备。

（4）用电检查过程中应与带电线路和设备保持《国家电网有限公司营销现场作业安全工作规程》中表6-1规定的安全距离。

（5）接入高压配电网的分布式电源，并网点应安装易操作、可闭锁、具有明显断开点、可开断故障电流的开断设备，电网侧应能接地。

（6）接入低压配电网的分布式电源，并网点应安装易操作、具有明显开断指示、可具备开断故障电流能力的开断设备。

● **管控措施**

（1）建立定期稽查的管控机制，加大现场稽查力度。

（2）强化检查人员的业务技能培训。

5.3.3　现场安全防护措施不到位（二级严重违章）

● **违章描述**

（1）对隐蔽工程实施检查时，对高空落物、地面孔（洞）及锐物等危险点防护不到位。

（2）检验组织者未交代检验范围、带电部位和安全注意事项。

（3）多专业、多班组工作协调配合不到位出现组织措施、技术措施缺失或不完整。如图 5-26 所示。

图 5-26　组织措施、技术措施缺失或不完整

▶ **依据条款**

（1）《业扩报装服务现场标准化作业指导书》4.5 危险点分析及预防控制措施。

（2）《国家电网有限公司营销现场作业安全工作规程（试行）》13.1.4。

● **业务规范**

（1）查看带电设备时，需提前确保安全措施到位，满足安全距离，不误碰带电设备。

（2）进入现场施工区域，必须穿工作服、戴安全帽，携带必要照明器材。需攀登梯子时，要落实防坠落措施，并在有效的监护下进行。

（3）现场负责人对工作现场进行统一安全交底，交代检验范围、带电部位和安全注意事项。

（4）涉及多专业、多班组参与的项目，由竣工检验现场负责人牵头，由各相关专业技术人员参加，成立检验小组，并明确各专业的职责。

（5）组织停送电前应核对客户设备状态。

● **管控措施**

定期开展现场安全稽查，对违规行为进行通报。

6

用电
检查

6.1 用电安全检查服务

6.1.1 用电安全检查服务未规范开展（一般违章）

● **违章描述**

（1）应查未查。未按规定的周期开展定期安全服务、专项安全服务和特殊性安全检查服务；未定期指导用户开展电气设备和保护装置的检查、检修和试验等，如图 6-1 所示。

（2）检查不到位。对用户受（送）电装置的安全缺陷未及时发现并告知；对用户擅自变更自备应急电源接线方式或拆除闭锁装置未及时发现；对用户自备应急电源管理不到位，如客户的应急电源缺少闭锁装置但给予接入等，如图 6-2 所示。

▶ **依据条款**

（1）《供电营业规则》第六十一条。

（2）《国家电网有限公司客户安全用电服务若干规定》
（国家电网企管〔2019〕841 号）第十八条、第二十条、第二十一条、第二十二条。

（3）《国家电网公司营销安全风险防范工作手册（试行）》3.3。

（4）DL/T 1917—2018《电力用户业扩报装技术规范》第 6 部分。

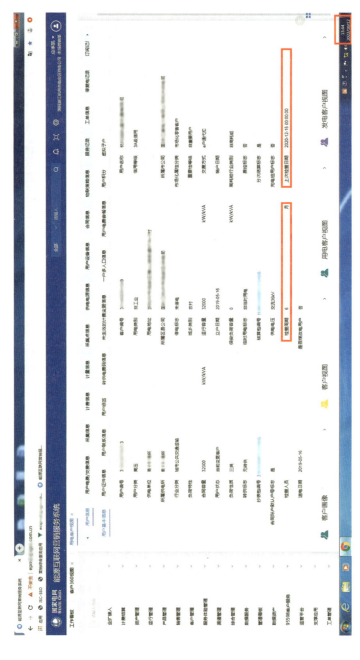

图 6-1　营销系统定期安全服务超期截图

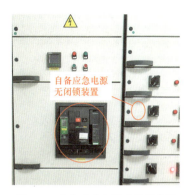

自备应急电源
无闭锁装置

图 6-2　自备应急电源无闭锁装置

● **业务规范**

（1）根据规定的检查周期和用户安全用电实际情况，制定定期安全服务检查计划，并按照计划开展检查工作。

（2）每年春、秋季以及根据工作需要开展专项安全服务，重点检查用户受（送）电装置的防雷防汛情况、设备电气试验情况、继电保护和安全自动装置等情况。

（3）根据重要保电任务或其他需要开展特殊性安全检查服务。

（4）严格按照规范开展用户用电安全检查服务，定期指导督促用户开展电气设备和保护装置的检查、检修和试验，消除设备隐患，预防电气设备事故和误动作发生；定期指导督促用户开展继电保护周期性校验。

（5）按照规范指导督促用户加强自备应急电源管理，与用户签订不并网自备应急电源的使用安全协议后，自备应急电源方可投入使用；做好自备应急电源的正常维护与定期启动，其容量应满足用户保安负荷启动需求。

（6）应急电源与电网电源之间应装设可靠的电气或机械闭锁装置，防止倒送电。

● **管控措施**

（1）将用户安全检查服务计划完成情况纳入常态化稽查管控。

（2）属地单位定期开展用电安全检查服务质量的抽检，对发现问题落实整改闭环。

6.1.2　用户侧隐患缺陷告知、督导、闭环管理不到位（一般违章）

● **违章描述**

（1）隐患排查不到位。用户隐患未及时发现，发现的安全隐患未及时告知用户或未开具书面整改通知单，如图6-3和图6-4所示。

图6-3　变压器B相桩头存在灼　　图6-4　变压器箱门五防装置（电
烧痕迹　　　　　　　　　　　　　子锁）异常

（2）未督促指导整改闭环。对用户侧的隐患、缺陷，指导督促不力，用户隐患长期未治理。如图6-5所示。

（3）重大隐患未及时报告。对于危及电网或公共用电安全的用户重大安全隐患，未及时报告当地政府电力主管部门、安全生产主管部门和相关部门。

▶　**依据条款**

《国家电网有限公司客户安全用电服务若干规定》（国家电网企管〔2019〕841号）第二十一条、第二十三条。

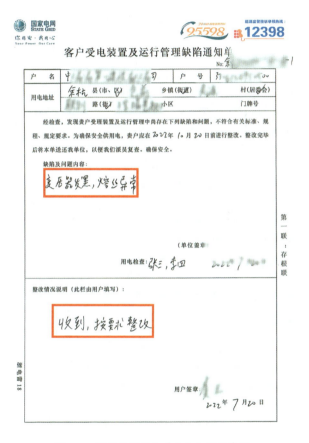

图6-5 隐患缺陷通知单未告知明确清晰

● **业务规范**

（1）了解用户生产工艺、用电特性、特殊设备对供电的要求；检查用户电源配置、自备应急电源容量、非电性质保安措施是否满足安全需要，受电设施、继电保护是否可靠，自动装置整定值是否匹配，年检预试、电工配置、安全制度、配电室环境等是否符合规程规定等。

（2）检查是否制定反事故措施和应急处置预案，措施和预案是否具有可操作性。

（3）对受电装置存在的缺陷以书面形式出具整改意见，并由用户签收。督促用户制订安全隐患和缺陷整改计划，落实治理措施，对隐患、缺陷实行闭环管理。

（4）需要与供电企业内部相关部门协调的事件，应开具内部工作联系单，经部门主管审核后发送相关部门。

（5）对于客户不实施安全隐患整改并危及电网或公共用电安全的，应立即报告当地政府电力主管部门、安全生产主管部门和相关部门，按照规定程序予以停电。

● **管控措施**

（1）定期抽查缺陷整改通知单质量、缺陷闭环情况以及重大隐患报告制度执行情况。

（2）加强用户侧安全用电宣传和培训。

6.1.3　定比定量用户执行不规范（一般违章）

● **违章描述**

（1）新上用户定比定量不规范。对不同电价类别且符合现场独立设置计量点的用户，未按要求分别安装计量装置。

（2）定比定量审批不规范。未按规定执行逐级审批，定比定量值确定不合理、依据不充分。现场核定用户定比定量的业务人员少于2人，未按规定执行逐级审批，如图6-6和图6-7所示。

（3）定比定量未按期复核。未按规定开展每年一次的定比定量核实工作。

附件 1：余 ▇▇▇▇▇▇ 司定比定量现场查勘单

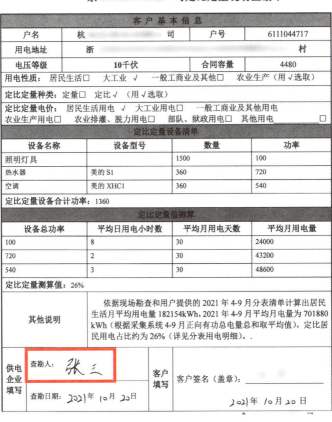

国家电网 STATE GRID

余 ▇▇▇▇▇▇ 司定比定量现场查勘单

客户基本信息				
户名	杭 ▇▇▇▇▇▇ 司		户号	6111044717
用电地址	浙 ▇▇▇▇▇▇ 村			
电压等级	10千伏		合同容量	4480
用电性质	居民生活□ 大工业 √ 一般工商业及其他□ 农业生产（用√选取）			
定比定量种类：定量□ 定比√（用√选取）				
定比定量电价：居民生活用电 √ 大工业用电□ 一般工商业及其他用电 农业生产用电□ 农业排灌、脱力用电□ 部队、狱政用电□ 其他用电_____□				

定比定量设备清单			
设备名称	设备型号	数量	功率
照明灯具		1500	100
热水器	美的 S1	360	720
空调	美的 XHC1	360	540
定比定量设备合计功率：1360			

定比定量值测算			
设备总功率	平均日用电小时数	平均月用电天数	平均月用电量
100	8	30	24000
720	2	30	43200
540	3	30	48600
定比定量测算值：26%			

其他说明	依据现场勘查和用户提供的 2021 年 4-9 月分表清单计算出居民生活用电平均用电量 182154kWh，2021 年 4-9 月平均月用电量为 701880 kWh（根据采集系统 4-9 月正向有功总电量总和取平均值），定比居民用电占比约为 26%（详见分表用电明细）。	

供电企业填写	查勘人：张三	客户填写	客户签名（盖章）：_____
	查勘日期：2021 年 10 月 20 日		2021 年 10 月 20 日

图 6-6　核定用户定比定量的业务人员仅 1 人

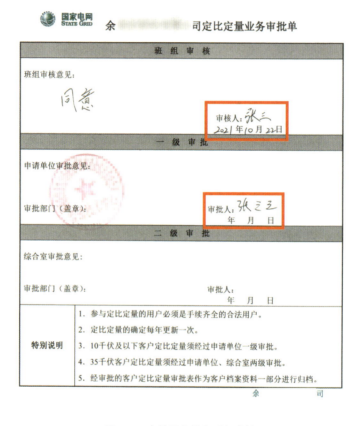

图 6-7　未按规定执行逐级审批

▶ **依据条款**

（1）《供电营业规则》第七十一条。

（2）《国网杭州供电公司电力客户分类用电定比定量
　　管理办法（试行）》（杭电营字〔2014〕17号）第
　　十条、第十一条、第十二条。

● **业务规范**

（1）对不同电价类别且符合现场独立设置计量点的用户，应分别安装计量装置；对于难以按电价类别分别装设用电计量装置的，按其不同电价类别的用电设备容量的比例或实际用电量，确定不同电价类别用电量的比例或定量进行分别计价。

（2）现场核定用户定比定量的业务人员，应不得少于两人。

（3）定比定量用户核定应进行现场勘查，勘查内容包括用电范围、用电性质、负荷特性、电气设备容量等基本情况，根据勘查结果拟定定比定量方案。

（4）定比定量用户按规定执行审批，填写业务审批单，提交定比定量用户调查资料、初步拟定的定比定量方案等，经审批同意后告知用户，并确保营销业务系统中定比定量申请流程相关资料与审批单内容一致。

（5）每年对辖区内定量定比用户核定一次。

● **管控措施**

（1）审批责任人应对定比定量值的合理性进行审核把关。

（2）将定比定量执行情况纳入常态化稽查管控，属地单位还应定期组织定比定量执行规范性的抽查，确保系统与现场的一致性和准确性。

（3）每年定期开展定比定量用户的专项稽查。

6.1.4　保电客户特殊性安全检查不到位（一般违章）

● **违章描述**

（1）现场排查不到位。对保供电现场的供电情况、用电环境、受电设备等勘查作业不充分，保电隐患缺陷未发现或未告知用户，隐患缺陷闭环管理不到位。

（2）运行制度不完善。对受电设备缺陷、供电可靠性不足等异常情况缺少应对措施，未编制保供电预案或预案不完善，客户上墙运行制度正确示范图片如图 6-8 所示。

（3）应急演练未开展。特级、一级保电任务未提前开展应急演练，造成保电突发事件处置不及时、不到位。现场应急处置流程正确示范图片如图 6-9 和图 6-10 所示。

图 6-8　客户上墙运行制度

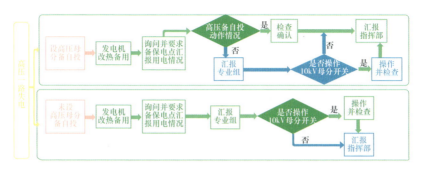

图 6-9 现场应急处置流程图（一）

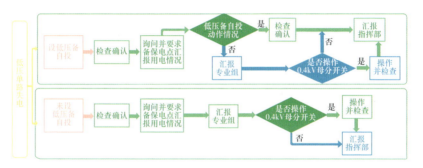

图 6-10 现场应急处置流程图（二）

▶ **依据条款**

（1）《国家电网公司重要活动客户侧保电工作规范（试行）》第二十八条、第三十六条、第四十二条、第五十条、第六十二条。

（2）国网浙江省电力有限公司关于印发《国网浙江省电力有限公司重要活动客户侧保电管理办法》的通知（浙电规〔2017〕23号）。

● **业务规范**

（1）重要活动开始前，应依据国家、电力行业标准，在重要活动举办方或政府电力管理部门的主导下，开展重要活动保电客户供用电隐患排查工作。

（2）加强前期现场勘察作业，全面、详细了解客户的负荷特性和负荷等级分类，深入分析一切可能影响用电的因素。

（3）保电前协助客户进行现场排查，对排查过程中发现的问题，应开具安全用电检查结果通知书，交客户签收。对于发现的重大安全隐患或缺陷，应及时书面报送举办方、政府相关部门备案。

（4）对客户侧排查、电气设备专项试验、全负荷试验及日常检查工作中发现的隐患、缺陷，应向保电客户发送书面整改通知，指导、督促整改，实行闭环管理。

（5）根据前期现场勘察情况和用户用电需求，联合各部门和用户编制保电方案，指导用户编制应急预案和演练方案，提前开展应急演练，模拟保电场所可能出现的突发停电或异常事件，提升保供电人员的现场应急反应速度和作业能力，检验客户侧的应急处置能力。

● **管控措施**

属地单位应做好保电方案、应急预案、演练方案针对性、规范性的审核把关；对客户侧隐患缺陷的整改闭环情况进行抽查。

6.2 变更用电

6.2.1 未规范办理暂停、减容业务（一般违章）

● 违章描述

（1）业务执行不规范。减容（恢复）、暂停（恢复）业务营销业务系统中的时间和容量，与现场实际不一致。如图6-11～图6-13所示。

图 6-11 用户状态系统截图

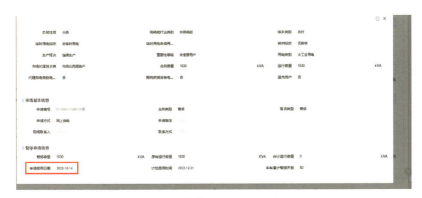

图 6-12 申请停用时间系统截图

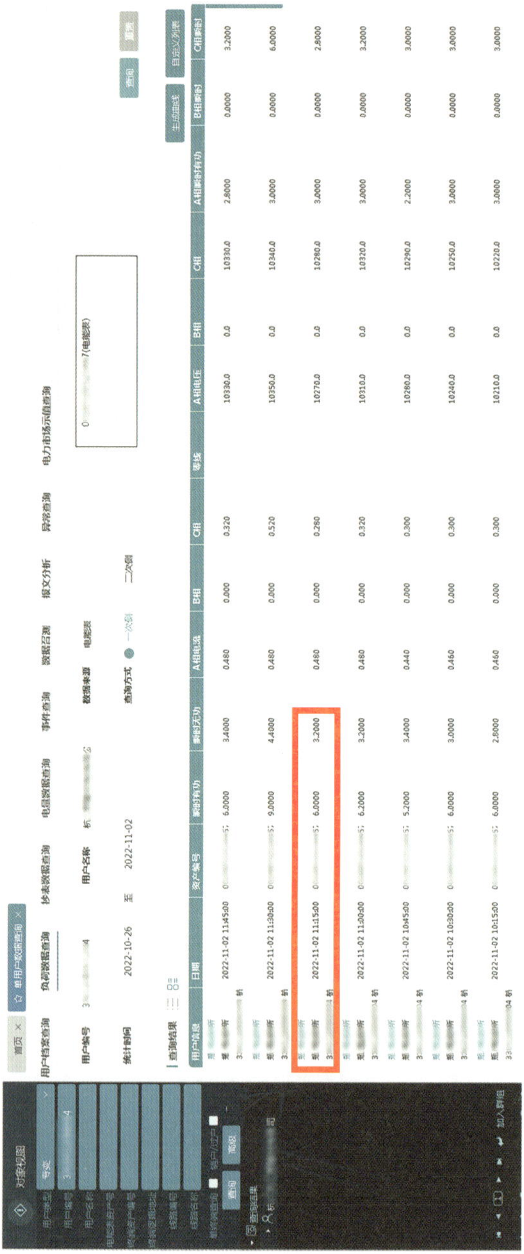

图 6—13 申请暂停后实际仍通电

（2）现场设备未加封。营销业务系统中减容、暂停流程已完成，但现场设备未加封，如图 6-14 和图 6-15 所示。

图 6-14　设备状态为停用状态

图 6-15　现场设备未加封

▶ **依据条款**

《国家电网公司变更用电及低压居民新装（增容）业务工作规范》（营销营业〔2017〕40号）第五十九条。

● **业务规范**

（1）严格执行业务规范，应根据用户申请的停用（恢复）时间与容量，实施现场封停（启封）工作，并同步录入营销业务系统。

（2）按照与用户约定的时间，组织到现场实施封停操作，并由用户在纸质表单或者移动作业终端上签字（电子签名方式）确认。具备条件的，可通过移动作业终端拍照并上传现场封停情况，作为存档资料。

● **管控措施**

（1）将暂停、减容用户业务执行期间的负荷变动情况纳入常态化稽查管控。

（2）审批责任人应对暂停、减容业务执行时间、内容进行审核把关。

（3）属地单位对于暂停、减容用户的系统资料及现场定期进行抽查。

（4）定期组织开展超容用户专项稽查，将暂停、减容用户超容纳入重点核查内容。

6.2.2 合同签订不规范（一般违章）

● **违章描述**

（1）变更未重签。用户增装、减容、改变用电类别、过户、改压、并户、分户以及供电电源、供电容量、供电回路数、计量方案、计费方式、计费参数等发生较大变更时，未与客户重新签订合同。如图 6-16 和图 6-17 所示。

（2）过期未续签。供用电合同超过有效期未及时签订，如图 6-18 所示。

（3）购售电合同未规范签订。未按要求及时、准确与市场化用户签订合同，如图 6-19 所示。

用户运行状态为正常，但供用电合同未补签，如图 6-18 和图 6-20 所示。

图 6-16　变更流程归档截图

图 6-17　合同未重新签订

图 6-18　供用电合同超过有效期未及时签订

图 6-19　购售电合同地址未填写

图 6—20　用户状态正常的系统截图

▶ **依据条款**

（1）省公司《供用电合同管理标准》Q/GDW 11-134—2012-20801 5.3、5.2.18。

（2） 国家电网有限公司关于印发《国家电网有限公司代理购电工作指南（试行）》的通知（国家电网营销〔2021〕545号），第四章第十七条、第二十条。

● **业务规范**

（1）供用电合同履行期内，经双方协商一致可对供用电合同部分条款进行修改、补充。客户办理暂停、暂拆、暂换、移表以外的变更用电业务时，须重新签订合同。

（2）合同到期后，可将原合同废止，重新签订合同；也可以对部分条款进行修改、补充，经双方在合同事项变更确认书上签字确认后，合同效力按原合同有效期重复继续维持。

（3）由供电企业代理购电的工商业用户，双方应签订购售电合同。

（4）新装工商业用户参与市场直接购电前，暂由供电企业代理购电，双方签订购售电合同，后期由用户自主选择。

● **管控措施**

（1）将合同续签的及时性纳入常态化稽查管控。

（2）属地单位应定期开展供用电合同的抽检，重点关注供用电合同重签和续签的规范性、准确性。

6.2.3　流程归档不及时（一般违章）

● **违章描述**

（1）抄表冲突。涉及计量装置变更的用电流程归档不及时引起抄表冲突。

（2）电费结算错误。因电价变动，变更流程归档不及时造成电费结算错误。

▶ **依据条款**

（1）《国家电网公司营销安全风险防范工作手册（试行）》2.1。

（2）Q/GDW 11-133—2012-20801《业扩报装及变更用电管理标准》5.21.6。

● **业务规范**

（1）规范工作流程，避免在抄表期间进行换表等其他业务。

（2）对于改类等变更用电流程，应及时完成系统归档。

（3）计量装置变更等工作应不与抄表发生冲突，若无法避免，则做好不同岗位间沟通，做好流程及时归档。

● **管控措施**

（1）对超过预警天数未归档的变更类流程纳入常态化稽查管控。

（2）属地单位定期组织相关业务人员进行岗位培训、业务交流。

（3）建立跨岗位业务协调机制，避免变更流程与抄表周期、电费结算间的冲突。

6.2.4　线损、变损参数未及时更新（一般违章）

● **违章描述**

（1）参数数据错误。用户专线或变压器等设备改造更换后，未准确核对相关参数，重新计算线损、变损。

（2）参数动态维护不及时。未按要求定期开展协议线损率核定，及时与用户重签供用电点合同并在营销系统动态更新数据，造成电费结算差错。

▶ **依据条款**

《供电营业规则》第七十四条。

● **业务规范**

（1）工作人员应核实客户线损、变损准确性，按现场情况核实计算参数，履行审批手续。

（2）变更后及时告知用户。

（3）定期对电子档案资料进行核查。

● **管控措施**

（1）属地单位应建立线损、变损变更的管理机制，从工程侧反向核查相关参数的更新情况。

（2）审批责任人应对参数变更用户进行审核把关。

6.3　反窃查违

6.3.1　窃电、违约用电处理不规范（二级严重违章）

● **违章描述**

（1）准备工作不充分。没有提前对用户信息、电力参数等数据进行有效收集和分析。现场检查前人员配置、器材准备不足。

（2）查实未处理或处理不到位。现场停电程序处置不规范。对窃电用户查实后未及时处理，窃电违约用电事实现场保护不力，现场检查时材料取证不完整。未向客户说明应缴费用及交付期限等信息，与客户沟通不顺畅引起纠纷，如图6-21~图6-24所示。

图6-21　用户合同量为250kVA，实际功率长期超400kW的系统截图

图 6-22 用户申请额定容量为 250kVA 的系统截图

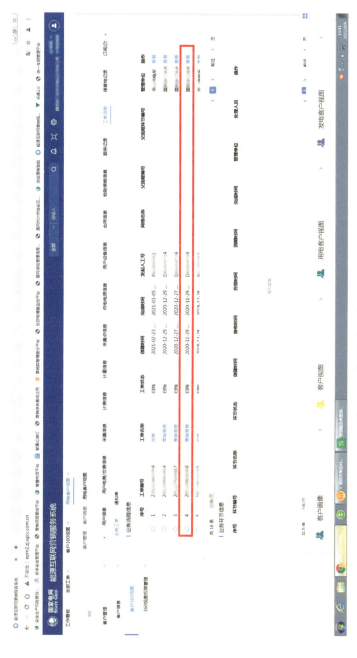

图 6-23　长期超容用户无违约处理流程

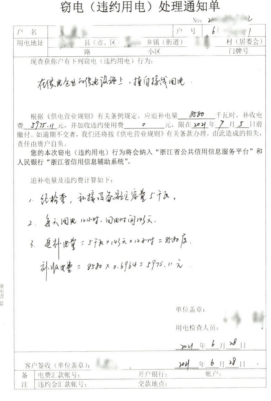

图 6-24　窃电处理流程未收取三倍违约使用电费

▶ **依据条款**

(1)《国家电网有限公司反窃电管理办法》〔国网（营销 /3）987—2019〕第三十一条、第三十二条、第三十四条、第三十五条、第四十三条。

(2)《供电营业规则》第六十六条、第一百条、第一百零二条。

（3）查处结果不合规。查处依据及审批流程不合规。窃电（违约）检查未及时录入营销业务系统，存在流程异常中止情况，如图6-25和图6-26所示。

图 6-25　窃电、违约流程处理依据不充分

● **业务规范**

（1）反窃电检查人员通过各营销业务系统，归集被检查对象信息，根据客户性质、现场环境、历史用电信息等，制定检查方案。检查前做好保密措施和组织措施，填写用电检查工作单，履行审批程序，必要时联合当地电力管理部门、公安部门等共同检查。

图 6-26 窃电、违约流程异常中止未重启

（2）反窃电现场检查时，检查人数不得少于两人，并应主动出示证件，由客户随同配合检查。

（3）现场检查的取证应程序合法，证据链完整，实证清晰准确。可采取拍照、摄像、封存等手段，提取能够证明窃电行为存在及持续时间的物证、书证、影像资料等证据材料。

（4）追补电费和违约使用电费应及时、足额，并录入营销业务应用系统，各单位不得擅自减免应补交的电费。

● **管控措施**

（1）属地单位应定期核查窃电、违约用电的处理规范性。

（2）审批责任人应对窃电、违约用户的处理方案进行审核把关；对发现的窃电、违约用电处理不规范的问题，应建立管控惩处机制。

6.3.2　窃电、违约用电未做到"查处分离"（一般违章）

● **违章描述**

（1）营销业务系统角色及岗位配置未实现"查处分离"，如图6-27 所示。

图 6-27　窃电、违约流程查处为同一账号截图

（2）实际工作未严格落实"查处分离"。处理过程未按不同人员、不同岗位交叉处理，如图 6-28 和图 6-29 所示。

图 6-28　用电检查单签字照片

▶ **依据条款**

（1）《国家电网有限公司反窃电管理办法》〔国网（营销/3）987—2019〕第三条。

（2）《供电营业规则》第一百零二条。

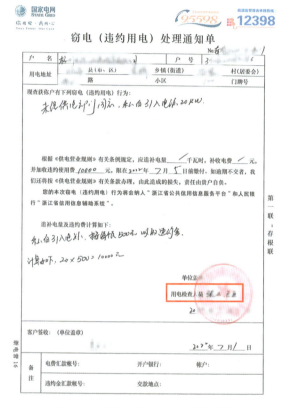

图 6-29 窃电、违约处理单签字照片

（3）退补方案审批把关不严。反窃查违流程环节未认真把关，造成违约用电窃电追补电费和违约使用电费计算明显差错，如图6-30所示。

● **业务规范**

（1）反窃电工作遵循依法合规、打防结合、查处分离、综合治理的原则。

（2）正确分析用户窃电违约用电数据，根据规定准确计算相关

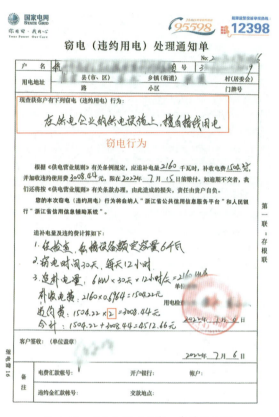

图6-30　仅告知用户超容，未进行处理

费用，并做交叉审核工作。

● **管控措施**

（1）属地单位应优化流程权限配置，按"查处分离"原则设置岗位权限，并定期开展校验核对更新。

（2）对窃电、违约用电未做到"查处分离"情况纳入常态化稽查管控。

6.3.3 超容用户管理不到位（一般违章）

● **违章描述**

（1）超容异常数据未核实。对上级稽查发现或供电公司内部发现的超容异常数据未开展核查。

（2）超容处理不到位。对实际使用容量明显大于合同约定容量的超容用户未告知或未处理，如图 6-31 和图 6-32 所示。

> ▶ **依据条款**
>
> （1）《供电营业规则》第一百条。
>
> （2）《国网浙江电力营销部关于进一步规范反窃查违等有关工作的通知》（浙电营字〔2022〕22 号）（二）超容判定规则。

● **业务规范**

（1）供电企业对查获的违约用电行为应及时予以制止。违约用电行为者应承担相应的违约责任。

（2）高压用户：增加或换大变压器的为超容用电；未增加或更换变压器的以现场实际用电负荷超过供用电合同约定容量（在运变压器、高压电机容量之和）视为超容用电，其中实际运行负荷由电能表记录的当月最大需量乘以综合倍率确定。

（3）低压非居用户：现场实际用电负荷超过其合同约定容量。现场实际用电负荷计算参照高压用户执行。

（4）计费电能表无最大需量数据的，采取现场负荷实测、采集

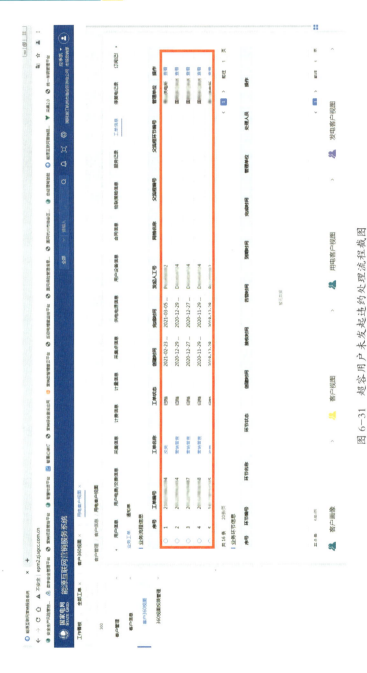

图6-31 超容用户未发起违约处理流程截图

图 6-32　缺陷通知单未告知用户超容

数据推算等方式，确定实际用电负荷。

● **管控措施**

（1）属地单位将用户超容情况纳入常态化稽查管控，强化数据分析。

（2）加强电量异常用户的管控和日常分析；加强用户的采集监控，必要时对变压器进行检测。

（3）属地单位应严格执行公司超容核查处理要求，定期检查超容处理合理性、准确性。

（4）审批责任人应对超容处理用户的处理结果审核把关。

（5）定期组织开展超容用户专项稽查。

6.4 重要用户管理

6.4.1 重要用户未准确认定（一般违章）

● **违章描述**

（1）重要用户认定遗漏或不准确。未及时发现用户的生产性重要程度变化，未及时、准确地判定重要等级。

（2）重要用户认定未及时上报或未经政府主管部门认定发文。用户重要等级申报材料或变更申请未及时上报，政府主管部门未审批发文。如图 6-33 ~ 图 6-36 所示。

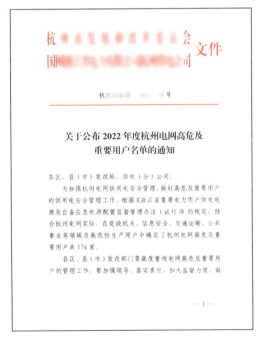

图 6-33　重要用户认定未及时上报或未经政府主管部门
认定发文（一）

图 6-34　重要用户认定未及时上报或未经政府主管部门
认定发文（二）

▶ **依据条款**

《国家电网公司关于高危及重要客户用电安全管理工作的指导意见》（国家电网营销〔2016〕163 号）一、加强客户定级管理。

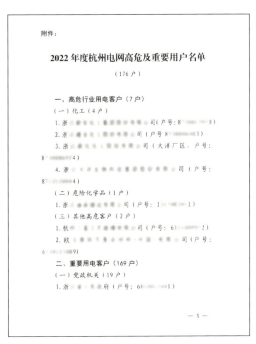

图 6-35　重要用户认定未及时上报或未经政府主管部门
认定发文（三）

● **业务规范**

（1）高危及重要客户名单应以政府主管部门批复为准，各单位
要完善名单的台账管理，积极协助政府主管部门做好高危及重要客
户名单审核认定工作。各地市（地区、州、盟）供电企业每年应统
一组织开展至少一次梳理，经省（自治区、直辖市）电力公司确认
后，于 10 月底前将名单函报当地政府主管部门。各省（自治区、
直辖市）电力公司应于每年 12 月底前汇总高危及重要客户名单及
政府批复文件。

（2）各单位要建立健全高危及重要客户名单动态管理制度，对

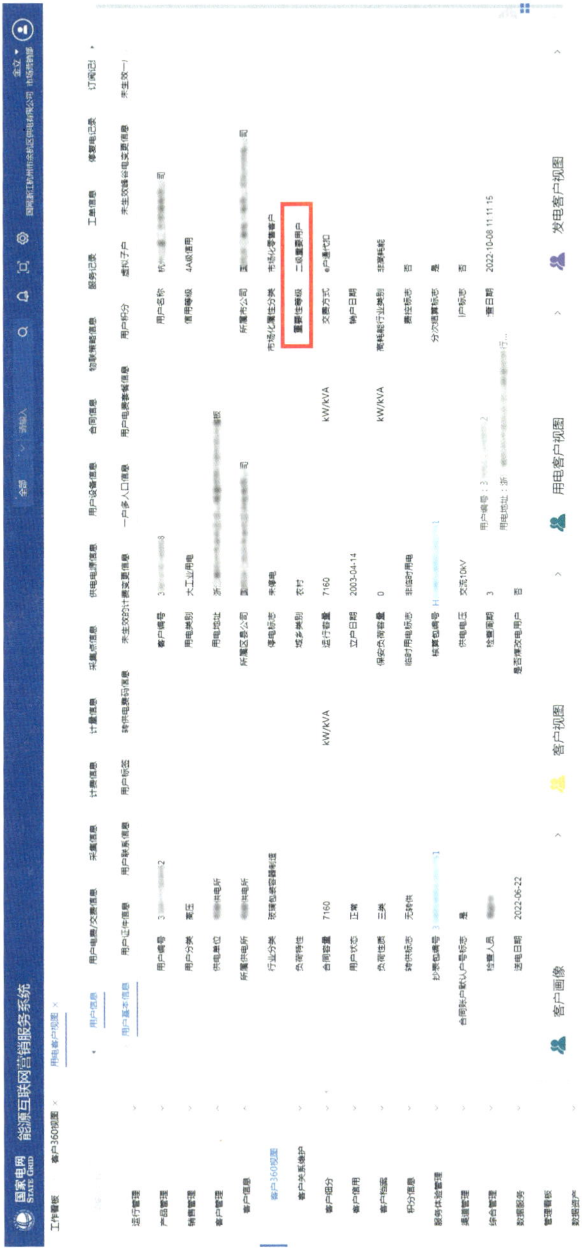

图 6-36 用户重要性等级系统截图

于高危及重要客户的新增、销户或重要性等级变更信息，应在变更后 10 个工作日内向政府主管部门进行报告。

● **管控措施**

（1）严格落实重要电力用户报备制度。

（2）属地单位定期对重要电力用户增减、变更报送情况进行核查。

（3）定期开展重要电力用户档案规范度专项稽查。

6.4.2　未落实重要用户"四到位"管理（一般违章）

● **违章描述**

（1）重要用户服务、督导不到位。未定期组织开展重要用户用电安全管理工作，未履行安全管理责任。

（2）用户隐患通知、报告不到位。对发现的安全隐患，未及时告知用户。未对安全隐患进行闭环跟踪管理，整改情况和进度不能及时掌控。重大隐患未及时报政府备案。用户重大安全隐患政府报备函示例如图 6-37 所示。

（3）重要用户档案资料管理不规范。未按照"一户一档"的要求建立重要电力用户管理档案，或档案与现场实际情况不符；未按照"一户一案"的原则制定高危及重要客户保电预案。管理规范的资料如图 6-38~ 图 6-41 所示。

内部

国███████████司文件

杭█████████号

国████公司关于杭州电网高危及重要用户存在用电安全隐患情况报备的函

杭████████████会：

为加强杭州电网供用电安全管理，进一步做好高危及重要用户的供用电安全管理工作，国网杭州供电公司对《关于公布 2021 年度杭州电网高危及重要用户名单的通知》(████████〔2021〕106 号）中明确的 184 家高危及重要用户进行了现场检查，发现杭████████████司等 37 家用户存在用电安全隐患情况，我公司已向相关用户发送缺陷整改通知单，同时将相关情况报属地发改委。现将杭州地区情况汇总报贵单位备案。

专此函达。

— 1 —

图 6-37 用户重大安全隐患政府报备函示例

图 6-38　重要用户档案资料管理规范示例（一）

目 录

一、场馆简介……1
二、保电任务……2
三、供电电源……2
（一）500kV 供区……2
（二）220kV 电源……2
（三）供电变电站……2
（四）供电电源联络示意图……2
四、场馆用电信息……3
（一）用电基本信息……3
（二）正常运行方式……3
（三）黄龙体育中心体育馆电气接线图及平面布置……3
（四）主要电气设备及参数……7
五、自备应急电源……7
（一）自备发电机……7
（二）UPS 不间断电源……7
（三）EPS 或其他……7
六、重要保障负荷基本信息……8
（一）永久性重要负荷……8
（二）临时性重要负荷（待赛程明确后确定）……8
七、外接应急电源……9
八、继电保护及整定情况……10
（一）继电保护及整定情况（现状，后续待调度重新核定）……10
（二）自动装置情况……10
九、电力保障团队……12
（一）电力保障指挥体系……12
（二）运行团队……12
（三）供电企业……12
（四）现场职守人员分布表……12
十、后勤保障……14
十一、现场保障……14
（一）运行团队……14
1. 保障准备……14
2. 现场值守……15
（二）供电企业……15
1. 保障准备……15
2. 现场值守……16
十二、电网应急处置预案……17
（一）10kV（20kV）线路事故跳闸……17
（二）10kV 变电站母线单相接地……17
十三、现场应急处置预案……17

图 6-39 重要用户档案资料管理规范示例（二）

图 6-40　重要用户档案资料管理规范示例（三）

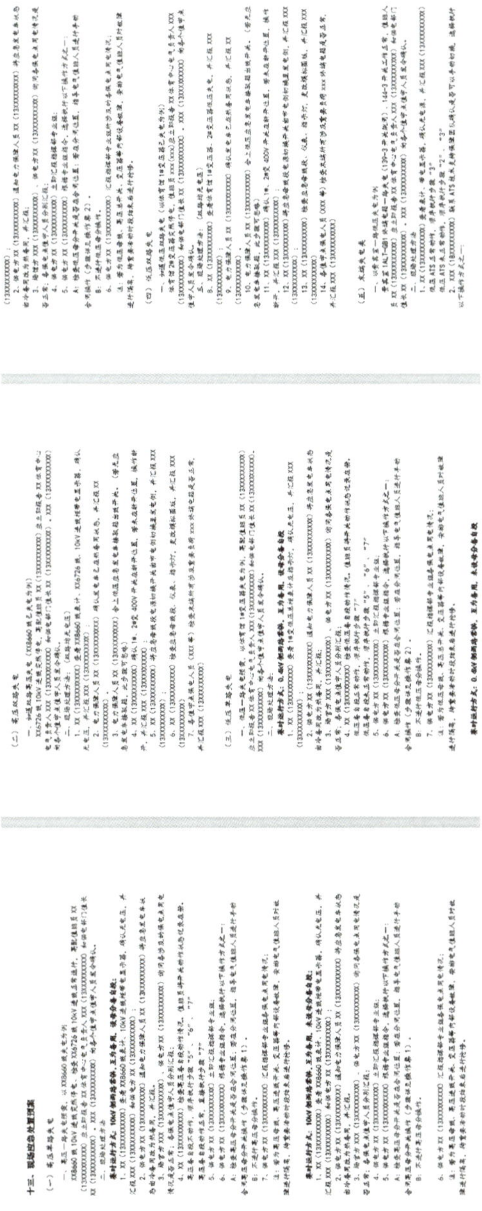

图6-41 保电预案示例

▶ **依据条款**

（1）《国家电网公司关于高危及重要客户用电安全管理工作的指导意见》（国家电网营销〔2016〕163号）。

（2）《国家电网公司营销安全风险防范工作手册（试行）》的通知3.5。

（3）浙江省《关于印发营销现场作业安全风险防范工作手册等三个工作手册的通知》（浙电营〔2012〕384号）的《高危及重要用户风险防范手册》第28条。

● **业务规范**

（1）规范国家电网系统高危及重要客户的用电安全管理工作，全面落实"四到位"服务、通知、报告、督导的工作要求，维护正常供用电秩序，指导、帮助和督促客户提高用电安全管理水平。

（2）严格按照"一户一档"的要求建立重要电力用户管理档案，全面完善高危及重要客户的供电电源、自备电源配置和设备运行健康情况等内容，及时更新相关信息。

（3）建立用户用电安全隐患治理协调机制，定期报送因客户的供电电源和自备应急电源配置不到位等可能导致电力中断的用电安全缺陷隐患及治理情况，充分取得政府支持，形成有效的监督机制。

（4）应按照"一户一案"的原则，制定高危及重要客户保电预案，细化事故应急措施，积极开展电网侧应急演练，同时督促并协助客户开展应急演练，强化客户在事故状态下的风险应对能力。

（5）对发现的安全隐患，填写用户受电装置及运行管理缺陷通知单，及时送达客户，并按照供电单位、用户编号、隐患序列进行编号，做到档案完整、内容准确；根据责任划分督促责任主体制定整治计划，落实治理措施，并进行整改销号闭环管理。

● **管控措施**

（1）严格按照公司要求定期对"四到位"落实情况进行督查。

（2）属地单位应定期核查高危及重要用户"一户一档""一户一案"。

（3）加强相关业务人员进行岗位培训、业务交流。

6.4.3　未合理配置重要用户电气接线和应急电源（一级严重违章）

● **违章描述**

（1）电源配置不合理。供电电源回路数不满足重要电力用户等级要求；重要电力用户供电电源的切换时间和切换方式不满足保安负荷允许断电时间的要求。重要电力用户任一电源发生故障时，其余供电电源不能保证独立正常供电需求，如图 6-42 和图 6-43 所示。

（2）应急电源配置不合理。未配备或未按规定配备自备应急电源，配置容量无法满足内部重要负荷需求，如图 6-44 和图 6-45 所示。

图 6-42 重要用户系统截图

图6—43 电源信息为单电源系统截图

用户信息	用户电费/交费信息	采集信息	计费信息	计量信息	采集点信息	供电电源信息	用户设备信息	合同信息	物联策略信息	服务记录	工单信息	停复电记录	订阅记

用户基本信息	用户证件信息	用户联系信息	用户标签	转供电费码信息	未生效的计费变更信息	一户多人口信息	用户电费套餐信息	用户积分	虚拟子户

用户编号	3████2		客户编号	33████8		用户名称	杭████司
用户分类	高压		用电类别	大工业用电		信用等级	4A级信用
供电单位	██供电所		用电地址	浙████板		重要性等级 二级重要用户	
所属供电所	██供电所		所属区县公司	国网████司		所属市公司	国网████司
行业分类	玻璃包装容器制造		停电标志	未停电		市场化属性分类	市场化零售客户
负荷特性			城乡类别	农村		重要性等级	二级重要用户
合同容量	7160	kW/kVA	运行容量	7160	kW/kVA	交费方式	e户通代扣
用户状态	正常		立户日期	2003-04-14		销户日期	
负荷性质	三类		保安负荷容量	0	kW/kVA	高耗能行业类别	非高耗能
转供标志	无转供		临时用电标志	非临时用电		费控标志	否
抄表包编号	3████1		核算包编号	H████1		分次结算标志	是
合同账户默认户号标志	是		供电电压	交流10kV		充电桩用户标志	否

图 6-44 重要用户系统截图

图 6-45　重要用户未配置应急电源

219

▶ **依据条款**

（1）GB/T 29328—2018《重要电力用户供电电源及自备应急电源配置技术规范》第6部分。

（2）《国家电网公司业扩供电方案编制导则》的通知（国家电网营销〔2010〕1247号）8.1、9.4。

● **业务规范**

（1）督促用户按重要电力用户等级的要求申请配置电源回路。

（2）建议用户按要求配置电源切换装置，采取技术措施减少电源切换时间，更改切换方式满足持续供电要求。

（3）因电网原因造成供电电源不能保证独立正常供电需求的，应加强网架建设与改造，提供满足用户安全用电的电源。用户设备原因导致电源供电容量限制的，应要求用户更换或改造设备，或申请增容以增加供电电源容量。

（4）要求用户配置满足要求的自备应急电源。自备电源类型、容量、启动时间、运行时间至少要满足保安负荷正常启动和带载运行的需求。

（5）要求用户按重要负荷分级的要求配置主接线方式，并按《国家电网公司业扩供电方案编制导则》中重要客户运行方式实施。

● **管控措施**

（1）审批责任人应加强重要用户供电方案的审批。

（2）属地单位严格按照要求定期对重要用户供电电源、接线方式、运行方式和应急电源配置情况进行核查。

6.4.4　未开展事故预想和反事故应急演练（一般违章）

● **违章描述**

（1）应急措施不到位。未督导重要电力用户及时编制、修订事故应急预案；对事故应急预案审核把关不严，应急措施不能发挥有效作用。

（2）应急演练未开展。未督导重要电力用户定期开展事故预想和反事故应急演练。

▶ **依据条款**

（1）《国家电网公司关于高危及重要客户用电安全管理工作的指导意见》（国家电网营销〔2016〕163号）五、强化日常基础管理。

（2）《国家电网公司营销安全风险防范工作手册（试行）》3.6。

● **业务规范**

（1）按照"一户一案"的原则，制定高危及重要客户保电预案，细化事故应急措施，积极开展电网侧应急演练，同时督促并协助客户开展应急演练，强化客户在事故状态下的风险应对能力。

（2）指导客户定期开展应急演练，将重要电力用户纳入电网应急演练体系。

● **管控措施**

（1）工作人员应加强对重要电力用户应急预案的审核。

（2）属地单位应定期检查重要用户应急预案等资料，进行准确性、完整性审核，督促重要用户开展应急演练工作。

6.4.5　重要用户突发停电应急处置不及时（一般违章）

● **违章描述**

（1）突发停电应急响应不及时。重要用户发生突发停电时未及时准确指导用户进行应急处置。

（2）突发停电应对措施不力。重要用户发生突发停电时未主动配合开展工作，协调不力，导致事故影响面进一步扩大。

> ▶ **依据条款**
>
> （1）浙江省《关于印发营销现场作业安全风险防范工作手册等三个工作手册的通知》（浙电营〔2012〕384号）中《高危及重要用户风险防范手册》第5部分，第48~53条。

● **业务规范**

（1）加强保供电前期查勘工作，在充分查勘的基础上，合理安排电网运行方式，制定周密的保供电方案和应急预案，经常进行保供电预演，加强保供电人员业务培训，对保供电对象主动提供业务指导和技术服务。

（2）建立供用电双方应急联动响应机制，成立应急组织机构，责任落实到人。

● **管控措施**

（1）属地单位定期对应急组织机构建立情况、责任落实情况进行督查。

（2）加强相关工作人员进行岗位培训、业务交流。

6.5 停限电管理

6.5.1 计划停电通知不到位（一般违章）

● **违章描述**

（1）告知不到位。停电计划未提前通知用户，导致用户生产计划安排难以调整。复役未通知用户，导致用户仍压减负荷，造成经济损失。

（2）告知不规范。停电通知未在新闻媒体（电视台、报纸等）进行公告。停电原因、停电区域、停电线路、停电时间和恢复送电时间等公告内容不完整。

> ▶ **依据条款**
>
> （1）《国网浙江省电力有限公司客户停限电管理办法》
>   第二十四条、第三十条、第六十八条、第六十九
>   条、第七十一条、第七十二条。
> （2）《供电营业规则》第六十七条。

● **业务规范**

（1）计划停电于正式停电 7 天前在当地新闻媒体（电视台、报纸等）进行公告。公告应注明停电原因、停电区域、停电线路、停电时间和恢复送电时间。如涉及重要客户，需在正式停电 7 天前逐个通过电话、短信、App 消息推送或传真的方式进行通知。对涉及居民的计划停电，还应提前 7 天将停电通知张贴在各个受影响的小

区的每个楼道、进出大门或村委会公告栏，有物业管理的应同时告知物业。

（2）临时检修停电提前 24h 在当地新闻媒体（电视台、报纸等）进行公告。公告应注明停电原因、停电区域、停电线路、停电时间和恢复送电时间。如涉及重要客户，需提前 24h 逐个通过电话、短信、App 消息推送或传真的方式进行通知。对涉及居民的临时检修停电，还应提前 24h 将紧急停电通知张贴在各个受影响的小区的每个楼道、进出大门或村委会公告栏，有物业管理的应同时告知物业。

● **管控措施**

（1）严格按照国家电网公司要求做好停电通知。

（2）属地单位应加强对公告内容的完整性、准确性的日常管控。

6.5.2　欠费停电程序不规范（一般违章）

● **违章描述**

（1）欠费停电手续不规范。对欠费用户执行停电时，未履行任何审批手续擅自停电。欠费停电前，未将停电时间通知用户，如图 6-46 和图 6-47 所示。

（2）费清后未及时恢复供电。用户缴清欠费及违约金后，未在规定时间内为用户恢复供电，如图 6-48 所示。

> ▶ **依据条款**
>
> 《国网浙江省电力有限公司客户停限电管理办法》第三十六条、第四十条、第七十七条。

图 6-46　欠费停电时未履行任何审批手续

● **业务规范**

（1）欠费停电必须严格履行审批程序。营销业务系统发起欠费停电审批流程，经本企业分管领导或部门领导审批同意后，方可实施停电。

（2）经审批的欠费停电，在停电前 3~7 天内，将书面通知送达客户，对重要客户的停限电，应同时书面报送同级电力主管部门。在停限电前 30min，还需将停电时间再通知客户一次，方可在

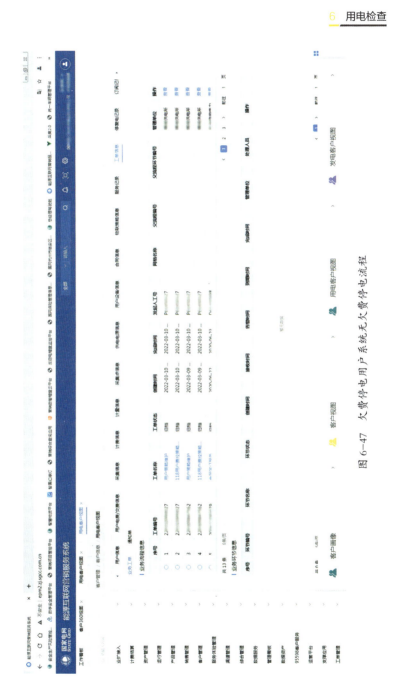

图6-47　欠费停电用户系统无欠费停电流程

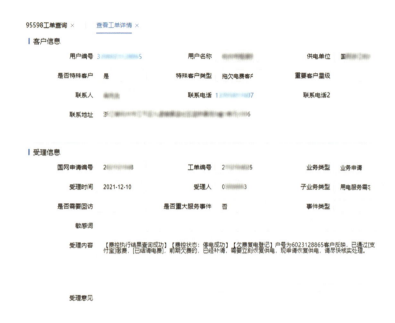

图 6-48 费清后未及时恢复供电

通知规定的时间实施停电。

（3）供电企业应加强客户缴费情况的实时监控。当客户交清所欠电费和违约金后，供电企业应在 24h 内恢复供电，对居民客户应及时恢复供电。

- **管控措施**

（1）严格执行国家电网公司欠费停电审批程序，规范实施停电。

（2）属地单位对发现的欠费停电不规范问题加强日常管控监督。

6.5.3　特殊停电程序不规范（一般违章）

- **违章描述**

（1）配合政府停电流程不规范。未取得政府部门出具的有效书面执行决定，擅自配合停电。未严格审核停电决定主体的资格。在无政府相关部门执法人员现场主持的情况下，自行采取停限电措施。在接到恢复供电的书面通知后，未及时复电。应根据政府部门出具的有效书面执行决定配合停电，如图 6-49 所示。

图 6-49　协助执行中止供电的通知书

（2）审批不到位。窃电、违约等特殊情况需停电时，未经规范审批进行停电。如图 6-50 和图 6-51 所示。

（3）采用系统虚假停电的方式规避指标考核，造成现场实际用电情况与系统不一致，少收基本电费或变压器损耗电费。

图 6-50 窃电、违约停电用户系统无流程记录

供电公司违约用电停电审批单

单位： 供电所 　　　　　　　　　　　　2022 年 08 月 02 日

户号	33　　63	户名	杭州 公司
地址		现场处理人	
违约用电处理日期	2022 年 04 月 05 月		
客户类型	■ 低压用户　　□ 公建用户　　　□ 专变用户 □ 高危及重要用户　□ 其他		
计划停电时间	2022 年 8 月 4 日		
停电理由	发现用户违约用电后，开具缺陷整改通知单以及窃电（违约用电）处理通知单。处理时间到期后，用户仍未整改并未缴纳追补电费及违约费，申请停电		
停电范围	单户		
班组长审批	审批人： 20　年　　月　　日		
责任单位审批意见	审批人： 20　年　　月　　日（盖章）		
客服中心审批意见	审批人： 20　年　　月　　日（盖章）		
分管局长审批意见	审批人： 20　年　　月　　日		
局长审批意见	审批人： 20　年　　月　　日		

图 6-51　违约用电停电审批单

▶ **依据条款**

（1）《国网浙江省电力有限公司客户停限电管理办法》第四十二条、第四十六条、第四十九条、第五十一条、第五十七条。

（2）《供电营业规则》第六十七条。

● **业务规范**

（1）供电企业应严格审核停电决定主体的资格，判断停电决定主体是否有权作出停电决定。供电企业原则上只接受纸质或电子公文等书面形式的配合停电通知。

（2）供电企业接到停电决定主体要求停电的通知后，承办部门认为执行风险较大或者难以判断是否应当执行的，可组织相关部门进行会商，形成会商意见。

（3）供电企业配合停电前应向停电对象发送配合停电告知书，明确停电依据、时间、内容，并附政府停电通知。

（4）用电检查人员应按要求时间，在政府相关部门执法人员现场主持下，对函件中明确的客户实施停限电。停限电时做好证据留存，不得自行对客户采取停限电措施。

（5）供电企业查获窃电，并取得现场证据的情况下，对一般客户可不经审批程序立即实施现场中止供电或通知运检部门实施中止供电。对高危及重要客户，在预留安全措施（防止突然停电引发爆炸、人身伤害等）所需时间的情况下，报告本企业分管领导同意后可对其中止供电。事后须按照分级管理原则补办相关手续，实行备案制。

（6）供电企业检查发现客户存在违约用电行为后，应根据《供电营业规则》的有关规定进行处理。情节严重且在限期内拒不交清违约用电引起的相关费用时，从营销业务系统发起审批流程，经本单位分管领导批准后可对其实施中止供电。

● **管控措施**

（1）属地单位应严格按照公司要求对强制停电、窃电停电、违约停电处理情况定期进行核查。

（2）审批责任人应对强制停电、窃电停电、违约停电审批流程严格把关。